21 世纪校本课程建设系列

丛书主编　　张彦祥

童心玩捏面塑
巧手融汇古今

主　编　周金萍　姚惠敏
副主编　孟桂民　文　亚

北京师范大学出版集团
BEIJING NORMAL UNIVERSITY PUBLISHING GROUP
北京师范大学出版社

图书在版编目(CIP)数据

童心玩捏面塑 巧手融汇古今/周金萍,姚惠敏主编. —北京:北京师范大学出版社,2011.9(2024.8重印)
(21世纪校本课程建设系列)
ISBN 978-7-303-13150-1

Ⅰ. ①童… Ⅱ. ①周… ②姚… Ⅲ. ①面塑—技法(美术)—小学—教学参考资料 Ⅳ. ①G623.753

中国版本图书馆 CIP 数据核字(2011)第 146341 号

图书意见反馈:gaozhifk@bnupg.com 010-58805079
营销中心电话:010-58802755 58800035
北师大出版社教师教育分社微信公众号 京师教师教育

出版发行:北京师范大学出版社 www.bnupg.com
　　　　　北京市西城区新街口外大街 12-3 号
　　　　　邮政编码:100088
印　　刷:北京虎彩文化传播有限公司
经　　销:全国新华书店
开　　本:710 mm×1000 mm 1/16
印　　张:17.25
字　　数:227 千字
版　　次:2011 年 9 月第 1 版
印　　次:2024 年 8 月第 3 次印刷
定　　价:32.00 元

策划编辑:郭兴举　　　　　责任编辑:郭兴举
美术编辑:毛　佳　　　　　装帧设计:毛　佳
责任校对:李　蓝　　　　　责任印制:马　洁

序

　　本次国家基础教育课程改革,第一次提出"国家、地方和学校"三级课程管理的概念,第一次赋予中小学课程开发和建设责任和权力。在这样的教育改革大背景下,各个学校都积极开发具有自身文化特色的校本课程,校本课程建设呈现出"百花齐放、异彩纷呈"的良好局面。校本课程的建设与实施,有力促进学生个性的全面发展,充分满足学生课程的选择权,也为学生特色文化建设提供了一个新的有效载体。许多学校都借助校本课程的开发与建设,打造了学校的文化品牌,形成了学校的特色。

　　翠微小学是海淀区一所素质教育的优质学校。多年来,学校秉承"个性教育""适度教育"的教育教学原则,从社区环境和办学实际出发,遵循校本课程开发的基本规律,围绕中国传统民族文化技艺,建设充满活力的校本课程体系,力求以校本课程建设推动育人模式的改革,全面落实翠微小学"明德至翠,笃行于微"校园文化特色,形成注重艺术教育和健体教育的校本课程特色。

　　学校着力开发了促进学生个性发展规律的校本课程,形成了尊重学生个性发展的"新绿色教育思想",构建具有学校文化特色的小学"绿色"课程体系。这种"新绿色课程体系"包括两个系列,一是绿色健康课程,包括篮球、乒乓球、心理教育;二是绿色民艺课程,包括书画类,如篆刻、书法、国画等,民间艺术类,如剪纸、面塑、陶艺等,还有诸多民乐,初步形成了翠微小学校本课程开发的特色与亮点。

　　校本课程的建设主体是教师。在校本课程建设和教材的研发过程中,教师也得到了专业发展,达到了"教师与学生同发展、共进步"的课程改革目标。这套丛书是翠微小学教师课程建设实践的智慧结晶，是翠微小学教师自主性和创造性的集中体现。校本课程作为国家课程和地方课程的一种必要补充，确保了课程统一性与选择性、规范性与创新性的有机结合，使得素质教育理想与目标得到全面落实。

应该说校本课程高度地表达了一所学校对教育教学意义的理解、对教育思想、价值和精神的追求，是师生的共同行为和共同创造，是最基本、最普遍的学校文化。它以教育实践工作者的视角，以生动活泼的教育形式，唤醒和激发学生的潜能与智慧。校本课程就像一个火把！门校本课程的开发就可以为学生提供一个新的选择机会，可能点亮学生潜能与智慧。

期待这些鲜活的校本课程经验，能够激起更多人的共鸣，能够与更多教育同行分享，能够真正成为点亮孩子智慧的火把，伴随孩子成长，照亮教师的专业发展道路，为素质教育的全面实施铺路、引航！

吴颖惠

前　言

　　面塑有着源远流长的历史，是我国独有的传统手工艺术之一。经过漫长的发展历史，特别是通过近代艺术家的艰苦探索和不断创新，面塑在多彩的中国工艺美术作品中占有重要地位，在当今的艺术殿堂中具有独特的文化魅力。

　　作为一项古朴的民间艺术，面塑拥有着非常丰富的价值内涵。面塑作品每一个细小的部位都需要双手捏制，需要严谨的构思、精细的做工，不仅需要精妙的手眼配合能力，还需要高品位的艺术造型鉴赏能力。面塑的独特之处还在于它更多地体现了中国传统美学的技艺特色，虽然是一种以面粉作原料的造型艺术，但却包含了绘画、雕塑、刻印、装饰等诸多艺术门类，并超越了一般雕塑的意义，成为一种出于俗而脱于俗的朴素文化。此外，任何一种艺术都是经过漫长历史演进而凝结成的文化与智慧的结晶，面塑所赋予学习者的不止那一尊尊拥有曼妙身姿、惹人怜爱与遐想的"面人儿"，也不止那一双双灵巧的双手和精彩绝伦的技艺，还有那浸润在弥漫着传统文化馨香中油然而生的惬意以及与之相融相生的品性修养。为此，将面塑课程引入小学美术教育本身是一种创新的举措。其内容表现的自由性、评价标准的多样性，为学生提供了创造活动最适宜的环境，它不仅帮助学生拓展知识、提升能力，而且帮助学生彰显个性、涵养底蕴，为学生丰富且自主的个性化发展创设机会和平台。

　　翠微小学的面塑教学发展已有十多年了，最初是以非常质朴的兴趣小组的形式出现的，接着出现了稍大规模的兴趣班，并进而发展成为了今天面向学校的面塑校本课程。回顾三个阶段，面塑课程一直遵循着一条比较清晰的发展思路，尤其是随着学校"明德至翠，笃行于微"文化核心理念的确立，面塑课程一直在促进"培养明德笃行的阳光少年"这一培养目标的达成；作为促进学生个性化成长的载体之一，面塑课程既发展学生基本的美术素养，也培育学生的创新精神和实践能力，既体现对传统文化的尊重与继承，也增加童心童趣，通过生动的教学，帮助孩子了解博大精深的民间传统文化。

基于这一发展思路，面塑课程的定位主要体现在两个方面：第一，捏趣。著名教育学家陶行知说过："唤起兴味，学生有了兴味，就肯用全部精力去做事，所以学和乐是不可分离的。"儿童面塑课程应该重在"有趣"，"趣"主要从形、势、情、意来表现。形，指造型，力求经典化，主要解决细节与概括之间的对比；势，指势态，力求动态化，主要解决动态与静态的对比；情，指情节，力求生活化，主要解决完整与错落对比；意，指手法，力求艺术化，主要解决艺术与科学的对比。要使自己的作品生"趣"离不开对生活中形的留意、势的观察、情的理解、意的把握。这样，面塑艺术，不仅让孩子们在安静的创作中不断接受美的熏陶，更重要的是让孩子们纯真的想象世界有了表达为现实的可能，这样的作品往往给他们带来无限惊喜。第二，塑品。将面塑课程引入小学课堂教学之中，目的不止在于让学生习得面塑制作的技艺，更重要的在于帮助学生既能够在面塑学习中涵养艺术底蕴、文化底蕴，同时能够在享受艺术与文化熏陶的同时养成健康向上的修养与品格，并尝试践行面塑艺术中蕴含的"淡泊"、"坚持"、"精益求精"等德行与精神，体现学校的培养目标。

因此，本课程是一门集趣味性、艺术性、教育性于一体的校本课程。实践中，我们尽力做到教学内容言简意赅，来源于生活和实践，教学方法力求灵活多变，尽可能让学生主动参与全过程，评价考核统一标准多个尺度，为每个学生的成功创造机会。全书共分为四个篇章，结构完整，内容翔实、生动，语言言简意赅且富有启发意义。第一篇章为基本技法篇。从孩童能够接受的角度概述了面塑艺术的渊源、特点与种类，并从工具和材料准备以及基本的技法介绍两个维度讲解了面塑的基本技艺。第二篇章为备课资源篇。从物品、蔬菜、昆虫、动物、人等五个方面循序渐进地为学生讲解基本形、空间构图、颜色搭配等，内容详实、有序，且生动活泼。第三篇章为步骤图篇。为了给孩子们提供更真切地掌握捏制面塑的基本步骤，本书还专门呈现了每一个面塑形象捏制的步骤图，以供学生参考和记忆。内容分为动物造型、昆虫花卉造型、人物造型、食品造型、水果蔬菜造型等几个维度，将近40种面塑形象。第四篇章从面塑艺术鉴赏的角度展开，旨在帮助学生在捏制的过程中提高面塑艺术的鉴赏能力，从名家作品鉴赏入手，学会如何赏析面塑作品。

面塑教材是学校"构建现代课程体系，改革小学育人模式"项目的成果之一，虽然略显粗糙，但却如实地代表了翠微小学民间艺术教学与实践的能力与水平。在此，感谢参与策划和编写的人员辛勤的付出。感谢北京师范大学出版社给予本书的大力支持。欢迎教材的使用者和各界同仁就教材的不足和问题提出宝贵意见和建议，以便我们将来修订时加以改正和完善。

前

言

目　录

第一篇　基本技法 ……………………………………………… 1

　第一单元　概述 ………………………………………… 3

　第二单元　面塑的基础技艺 …………………………… 7

第二篇　备课资源 …………………………………………… 23

　第一单元　想象无极限 ……………………………… 32

　　1. 认识新朋友 ……………………………………… 32

　　2. 汉堡包 …………………………………………… 36

　　3. 线条的变化 ……………………………………… 42

　　4. 基本形的组合——房子 ………………………… 47

　　5. 想象中的小汽车 ………………………………… 53

　第二单元　我们去实践 ……………………………… 58

　　1. 菜园系列面塑——茄子 ………………………… 58

　　2. 菜园系列面塑——黄瓜 ………………………… 63

　　3. 菜园系列面塑——玉米 ………………………… 67

　　4. 花儿朵朵——玫瑰花 …………………………… 71

　　5. 荷花 ……………………………………………… 75

　第三单元　虫虫大聚会 ……………………………… 80

　　1. 可爱的小蚂蚁 …………………………………… 80

　　2. 淘气的小瓢虫 …………………………………… 85

　　3. 瓢虫的花衣裳 …………………………………… 90

　　4. 漂亮的蝴蝶 ……………………………………… 94

目
录

5. 虫虫大聚会 ⋯⋯⋯⋯⋯⋯⋯⋯⋯⋯⋯⋯⋯⋯ 99

第四单元　可爱的动物 ⋯⋯⋯⋯⋯⋯⋯⋯ 104

1. 金鱼 ⋯⋯⋯⋯⋯⋯⋯⋯⋯⋯⋯⋯⋯⋯⋯⋯⋯ 104

2. 海豚 ⋯⋯⋯⋯⋯⋯⋯⋯⋯⋯⋯⋯⋯⋯⋯⋯⋯ 109

3. 小老鼠 ⋯⋯⋯⋯⋯⋯⋯⋯⋯⋯⋯⋯⋯⋯⋯⋯ 114

4. 兽中之王——虎 ⋯⋯⋯⋯⋯⋯⋯⋯⋯⋯⋯⋯ 118

5. 可爱的兔子 ⋯⋯⋯⋯⋯⋯⋯⋯⋯⋯⋯⋯⋯⋯ 123

6. 机灵的猴子 ⋯⋯⋯⋯⋯⋯⋯⋯⋯⋯⋯⋯⋯⋯ 128

7. 猪之家 ⋯⋯⋯⋯⋯⋯⋯⋯⋯⋯⋯⋯⋯⋯⋯⋯ 132

8. 熊猫咪咪 ⋯⋯⋯⋯⋯⋯⋯⋯⋯⋯⋯⋯⋯⋯⋯ 137

9. 中国龙(1) ⋯⋯⋯⋯⋯⋯⋯⋯⋯⋯⋯⋯⋯⋯⋯ 142

10. 中国龙(2) ⋯⋯⋯⋯⋯⋯⋯⋯⋯⋯⋯⋯⋯⋯ 146

第五单元　卡通人乐园 ⋯⋯⋯⋯⋯⋯⋯⋯ 150

1. 我为你塑像 ⋯⋯⋯⋯⋯⋯⋯⋯⋯⋯⋯⋯⋯⋯ 150

2. 表演的人(1) ⋯⋯⋯⋯⋯⋯⋯⋯⋯⋯⋯⋯⋯ 156

3. 表演的人(2) ⋯⋯⋯⋯⋯⋯⋯⋯⋯⋯⋯⋯⋯ 161

4. 三个胖和尚 ⋯⋯⋯⋯⋯⋯⋯⋯⋯⋯⋯⋯⋯⋯ 165

5. 圣诞老人 ⋯⋯⋯⋯⋯⋯⋯⋯⋯⋯⋯⋯⋯⋯⋯ 171

第三篇　步骤图 ⋯⋯⋯⋯⋯⋯⋯⋯⋯⋯⋯⋯ 177

动物造型篇 ⋯⋯⋯⋯⋯⋯⋯⋯⋯⋯⋯⋯⋯⋯ 179

大公鸡 ⋯⋯⋯⋯⋯⋯⋯⋯⋯⋯⋯⋯⋯⋯⋯⋯⋯ 179

海豚 ⋯⋯⋯⋯⋯⋯⋯⋯⋯⋯⋯⋯⋯⋯⋯⋯⋯⋯ 181

猴子 ⋯⋯⋯⋯⋯⋯⋯⋯⋯⋯⋯⋯⋯⋯⋯⋯⋯⋯ 182

虎 ⋯⋯⋯⋯⋯⋯⋯⋯⋯⋯⋯⋯⋯⋯⋯⋯⋯⋯⋯ 184

金鱼 ⋯⋯⋯⋯⋯⋯⋯⋯⋯⋯⋯⋯⋯⋯⋯⋯⋯⋯ 186

老鼠 ⋯⋯⋯⋯⋯⋯⋯⋯⋯⋯⋯⋯⋯⋯⋯⋯⋯⋯ 188

猫头鹰 ⋯⋯⋯⋯⋯⋯⋯⋯⋯⋯⋯⋯⋯⋯⋯⋯⋯ 190

童心玩捏面塑　巧手融汇古今

蛇 ·· 192

兔子 ·· 194

熊猫 ·· 195

猪 ·· 197

龙 ·· 199

昆虫花卉造型篇 ··································· 202

马蹄莲 ··· 202

玫瑰 ·· 203

月季 ·· 204

蝴蝶 ·· 206

蚂蚁 ·· 208

瓢虫 ·· 209

人物造型篇 ·· 210

抱鱼童子 ··· 210

三个胖和尚 ··· 214

圣诞老人 ··· 216

足球小子 ··· 219

食品造型篇 ·· 222

汉堡包 ··· 222

薯条 ·· 224

饮料杯 ··· 225

水果蔬菜篇 ·· 226

白菜 ·· 226

黄瓜 ·· 228

辣椒 ·· 228

南瓜 ·· 229

葡萄 ·· 230

目

录

茄子 ·· 231

水蜜桃 ·· 232

鸭梨 ·· 233

玉米 ·· 234

其他造型篇 ·· 236

房子 ·· 236

汽车 ·· 238

第四篇　精品赏析 ································ 241

精品赏析篇 ·· 243

附件一：翠微小学面塑校本课程开发方案 ·········· 248

附件二：翠微小学面塑校本课程实施纲要 ·········· 257

第一篇　基本技法

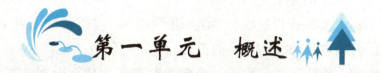

第一单元　概述

一、面塑艺术的渊源

　　面塑是中国民间手工艺技术中很有特色的一个艺术门类，是家喻户晓、人们喜闻乐见的传统民间艺术形式之一。面塑即面人，其主要原料为面粉和糯米粉，然后，在其中加入各种颜料进行混合，通过艺术家灵巧的双手，就能捏出各种惟妙惟肖的古今人物、飞禽走兽等。

　　面塑艺术在我国的历史源远流长。据文献资料考证，面塑的起源至少可追溯至战国时期，距今至少已有一千三百四十多年的历史。在汉代就已有文字记载，从新疆土鲁番阿斯塔那唐墓出土的面制人俑，生动地记述了奴隶主用隶殉葬的情景。进入封建时期，以木俑、陶俑陪葬开始习以为常，而以面俑陪葬却并不多见。从中可以看出，面塑制品不仅具有一定的信仰内涵及民俗功能，而且与陶塑艺术一脉相承，只是原料不同而已。它虽不及陶塑制品留存久远，但仍有自己的风格和特点。南宋《东京梦华录》对捏面人也有记载："以油面糖蜜造如笑靥儿。"那时的面人儿都是能吃的，谓之为"果食"。而民间对捏面人还有一个传说，相传三国孔明征伐南蛮，七擒七纵"蛮将"孟获，孟获终于臣服。孔明班师回朝，途中须经泸水，正当军队准备过江时，突然狂风大作，浪激千尺，鬼哭狼嚎，大军无法过江。查问原因，"两军交战，阵亡的将士无法返回故里与父老妻儿团聚，故在此兴风作浪，阻挠回程，军师要渡江，需要四十九颗人头祭江，方可风平浪静。"孔明心想：两军交战死伤难免，哪有太平之时再杀四十九条人命之理，遂心生一计，命厨子用米面为皮，内包黑牛白马之肉，捏塑出四十九

第一篇　基本技法

个人头，算准时辰，陈设香案，洒酒祭江。刹那间，风平浪静、万里无云，大军顺利过江。"面人儿""江米人"的名称由此而来，孔明也因此被尊为"面人儿"的祖师。

作为一种民间艺术形式，面塑的起源与古代面食制作有着紧密的联系。我国古代很多地方在民间流传着逢年过节庆喜时用面粉做"饽饽""枣花""月糕""面鱼""面羊"的风俗，这些面食一般是作为蕴含祝福意义的食品或者祭祀的供品。这些用面做的"果实花样"既好吃，又好看，还蕴含着求吉纳福的祝愿，深受人们的喜爱。

到了近代，面塑艺人受文人艺术的影响，水平和风格都发生了变化，由街头制作的民间玩具，发展为案头陈设品，从而登堂入室。我国现代有名的面塑艺术大师主要集中在京、津一带，如北京汤氏、郎氏面塑，天津赵氏面塑，山东何氏面塑等等。面塑的独特之处在于它更多体现了中国传统美学技艺特色，其中包含了绘画、雕塑、刻印、装饰等诸多艺术门类。因此，面塑既是雕塑却又超越了一般雕塑的意义。学习面塑不仅可以锻炼手眼的配合能力与艺术造型的鉴赏能力，同时还可以学习了解中国历史与中国传统民间艺术的形成与发展。

经过多年的面塑教学研究，我们得出一个结论：面塑对孩子来说，是一种心灵的启迪。它是一项非常适合儿童的手工活动，面塑的题材非常丰富。一把塑刀、一团彩面就可让孩子任意发挥想象力，花草树木、虫鸟人物……样样俱全。由于面塑的艺术形式丰富多彩，画面立体直观，学生在学习、制作的过程中，既能丰富业余生活，又能培养审美能力，激发创造力，从而提高动手动脑能力，与此同时也加深了对祖国民族文化的了解，在塑造中受益一生。越是民族的，就越是世界的，越具民族特色，就越有世界意义。面塑艺术作为民族艺术之花，进入到中小学的课堂之中，会开放地更加持久，更加艳丽。

二、面塑艺术的特点

与其他民间艺术门类相比，面塑艺术具有以下特点：

（一）原材料价廉易得

面塑，顾名思义就是用面粉来塑造形象的一种雕塑工艺，主要原材料就是我们生活中的必需品——面粉，寻找起来十分方便且价格便宜，这也是面塑的一大特点。

（二）创作要求一次完成

制作面塑作品不像其他工艺品，需要较长的时间、多种工序交替才能完成。

面塑一经风干就不易成型，因此制作面塑作品要求一气呵成。

（三）色彩鲜艳、造型生动

面塑的颜色是将颜料调入面中调配成的，加入颜料后的面团可以像绘画配色一样，随心所欲地进行调配。而优秀的面塑作品往往以其逼真的形象、生动的造型再融合鲜艳的色彩等感官效应吸引着中外宾客。

（四）大小尺寸、精细程度自定

面塑创作应根据其不同需要，制作出或大或小、或粗或细的作品。小的可以放在半个核桃当中，被称为微型面塑；大的可以做 1～2 米及以上的巨型作品。

（五）易于保存

面塑艺术原料的配方日趋完善、成熟。面塑作品可以保存几十年不变形、不变色、不长霉、不生虫。面塑艺术被越来越多的人所认识、所喜爱，中外许多收藏家都将优秀的面塑作品当作艺术品收藏。

（六）可塑性强、形式多样

面粉在加工磨制时很细，再和成面塑材料后既细腻又有韧性，

不易反弹，并有一定的拉扯力。所以许多面塑大师根据面塑自身特点，研究创作出仿效象牙、珊瑚、翡翠等材料的质地，这是其他雕塑不能相比的。

三、面塑艺术的种类

我国民间面塑按其使用功能可分为两类：一种是食用面塑。这是能吃的面塑，逢年过节，买一些这样的面塑，或者自己家中，捏出一些各种形状的面塑，象征着五谷丰登，这种面塑比较简单，操作起来也比较容易。另外一种是专供收藏的面塑。收藏的面塑即独立的面塑艺术，现在也被引入烹饪盘点装饰用。随着时间的推移，独立的面塑艺术从食品中分离出来，自成体系。面的配制也有了变化，颜色也不再是点染，而是揉搓面团。这时的面塑，观赏性更强了。

另外，从内容、形式、造型上，面塑又可以分为：传统经典类面塑、肖像类面塑、浮雕类面塑、超大中空类面塑、微型核桃类面塑、仿真类面塑、水晶面塑等。

第二单元 面塑的基础技艺

一、工具和材料

（一）工具

塑刀：又称拨子，是面塑最主要的工具。用有机玻璃、牛角、塑料板、不锈钢等材料制成。拨子上宽下尖，一头扁平，一头尖。长度一般为12~14厘米，宽1~2厘米。两边的斜面可作为刀刃，用来切割面片或条状的面团等，也可用来压制人物的衣纹和人物的胡子线条。尖头可用于面塑的挑、拨、滚、刮等操作。

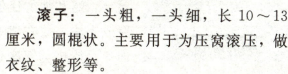

滚子：一头粗，一头细，长10~13厘米，圆棍状。主要用于为压窝滚压，做衣纹、整形等。

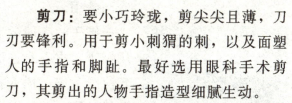

剪刀：要小巧玲珑，剪尖尖且薄，刀刃要锋利。用于剪小刺猬的刺，以及面塑人的手指和脚趾。最好选用眼科手术剪刀，其剪出的人物手指造型细腻生动。

梳子：分为粗齿和细齿两种。细齿一般用来做珠子，例如人物佩戴的项链、头饰等；粗齿一般可以用来制作佛珠、武士盔甲纹、玉米珠条，等等。是最佳的辅助工具。

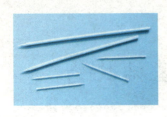

竹签：在制作过程中可称为骨架，是制作面人不可缺少的工具。因为塑造一个完善的面塑造型，基本上都是在竹签上完成的。它起到了支撑的作用，不至于使作品变形。使用前，可以在签子上抹点油，以便制作完成后顺利取出签子。油不要抹得太多，否则面团挂不住，反而不便于操作。

毛笔：小红毛、中白云都可以。面在空气中常出现"干皮"现象，为了不使面塑翘皮破裂，就需要在局部刷一点水来滋润，更主要用于面团与面团之间黏结，如：连接袖子、腿、脚等。小毛笔还可以用于面塑作品上的绘画、写字等。

蜡油：在面塑操作中，为防止面塑粘手，可以在手上抹些蜡油。把蜡和食用油混合，蜡和油的比例为1：4。做法是将蜡掰成小块，放在盛有食用油的锅里，给锅加热，待蜡全部融化后，离火倒入容器里冷却备用。

锥子：一般的五金商店都有售。面塑用锥子，主要是往底座上打孔，然后将竹签涂上乳胶，插入打好孔的底座上，待乳胶风干后，就可以制作面塑作品了。

夹板：在面塑中使用很广泛，材质可以用有机玻璃板制作。多用在制作花朵时压花瓣，做人物衣服时压衣服片，做人物装饰时搓细线和项链搓细条等。

乳胶：五金店、建材商店有售。用于面塑之间的连接，小饰品的装饰，成品与底座的黏结，作品破损时进行黏合修补。

广告色：用于面的配色。也可用丙烯色，用于后期描绘。

彩色亮粉：做装饰用。

（二）材料

面塑的主要材料就是面团。制作面塑，和面是关键。制作面塑的和面与制作馒头、面点的和面不同，前者需要考虑面团的可塑性、防腐性等多方面因素。许多人在制作面塑时都会遇到面团不易塑造成型、作品干裂等问题。其原因是，制作者没有掌握面塑和面的诀窍。

初学面塑在和面时容易出现的问题有：

1. 面团太软，这种情况就是说面团没有骨力。主要是因为和面时糯米粉和水加的过多所致。解决的办法就是将面团放置在阴凉通风的地方，吹至面团不黏即可。

2. 面团弹力过大，这会造成无法刻画面塑的细微部分，例如人的开脸，塑刀刚压好眼窝，马上又会弹起恢复原状。解决办法很简单，面团活好后马上入锅蒸熟即可。

3. 面团过干，这种情况就是说和面时水加得过少或面粉加得

过多所致。这会造成面塑各部分之间不容易黏结。解决的办法，就是千万不要再加水揉和，只能用乳胶对局部进行粘贴。

4. 制作完成的作品存放时会出现生虫、干裂、长毛等问题。和面时加入精盐或甘油后，可以增加面团的筋力，使面团不易开裂。因此，只要和面时加入这两种原料即可，并与其他原料充分揉匀，即可防止作品开裂。至于作品的长毛、生虫则是防腐剂用量不足所致。

(三)面塑材料的配制

面塑材料的制作方法各有不同，最关键的问题是一不能开裂，二不能发霉、三要可塑性强，用起来得心应手。

1. 面塑面团的配方表

配方种类	配　　方	适用范围
配方一	富强粉 400 克，糯米粉 100 克，蜂蜜 100 克，添加剂 60 克，甘油 100 克，水 300 克。	此配方制作的面团可塑性强，适合制作人物、花鸟、动物等面塑作品。
配方二	富强粉 300 克，糯米粉 200 克，添加剂 60 克，甘油 100 克，水 300 克。	此配方制作的面团延展性强，有筋力，适合制作人物的衣服等。
配方三	澄面 200 克，生粉 100 克，添加剂 60 克，甘油 100 克，水 480 克。	此配方制作的面团透明度高，适合制作透明的衣物等。

应注意的问题：

①市场上销售的面粉品牌很多，各种面粉根据特性又分为高筋粉、中筋粉、低筋粉；以加工不同，又分为普通粉、特精粉等。初学者，要总结各种面粉的特性，要掌握和面所需的水分和蒸面的时间。

②因面粉的特性各异，所以要随时调整面粉与糯米粉的比例。高筋粉韧性大，糯米粉用量要少，反之，则适当增加。

③加水的多少决定面团的软硬程度。蒸面时间过长蒸出的面韧性大，时间短，蒸出的面团松散，所以要根据使面的软硬习惯灵活运用。

④加入颜色的面团保存时间短，所以应使用多少，调配多少。

2. 面塑面团的制作方法

（1）　　　　　　　　（2）　　　　　　　　（3）

步骤一：先将富强粉和糯米粉放入盆中混合搅拌均匀，加适当的水、盐、蜂蜜。

  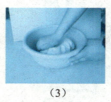 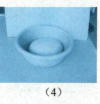

（1）　　　　（2）　　　　（3）　　　　（4）

步骤二：用少量热水将苯甲酸钠溶化后倒入面中，一边搅拌一边反复揉面，将面揉均匀为止。再用一块湿布盖在面团上，将面醒一会儿，再反复揉匀。

步骤三：将面团分成数个小面剂，做成饼子，然后装入袋中按成大片（厚约2～3厘米），上锅蒸25分钟。

步骤四：面出锅后稍晾凉，趁没有完全凉透将面团揉匀，在揉面时加入一些甘油。面团揉滋润后放入塑料袋中密封，存放在冰箱当中可保持数月。这时的面团未加入颜色，叫做本色面。用时再把面蒸软，大约需要 15 分钟，分为数份配各种颜色即可使用。

3. 彩色面的制作方法

面塑中颜料的使用比较宽泛，颜色多种多样，质量高低不同，选用色彩纯正的为佳，但丙烯不宜作面塑调色。由于颜色的色度不同，因此颜料加入面团后显现出来的颜色会有很大区别。

步骤一：取本色塑面，分成若干小块，每块做成面片，在中心挤入颜色。

步骤二：将颜色包入面片中心部位，颜色不要外流。

步骤三：手指手心涂上少量的润肤油，防止面团粘手。（专业应使用蜡油，蜡与油的比例是 1∶4，用火加热融合，凝固后即可使用。）

步骤四：将面团放在手心，双手手心相对，反复揉动，使塑面与颜色充分混合，形成彩色塑面。色彩的浓淡取决于颜色的多少。

童心玩捏面塑　巧手融汇古今

4. 面塑面团颜色的调配

如绘画一样，在面塑中有颜色的面团都是调配出来的。所用颜色，只要能够被水溶解的颜色通常都可以使用。例如：广告色、水彩色、国画色等。其中，荧光颜色比较鲜艳夺目。

学习面塑，了解色彩知识也很重要：

①三原色：红、黄、蓝三种颜色为三原色，也称基本色。

②间色：由两个原色混合调配出来的颜色，是原色的二次成色。

③复色：由两个间色或一个原色和与其成对比关系的一个间色相加得到的颜色，是原色的三次成色。

④原色纯度最强，间色次之，复色最弱。

⑤黑色、白色起调和作用，为中间色。

⑥任何颜色加入白色都会变浅，加入黑色都会变暗。

面塑中的颜色虽然有千万种，但我们常用的基本色有：黑、白、红、黄、绿蓝、肉色等。将这些颜色的面团相互揉搓即可起到调色的作用。例如：

肉色＝白色＋红色＋黄色

橙色＝红色＋黄色

紫色＝红色＋蓝色

棕色＝红色＋黑色

绿色＝黄色＋蓝色

灰色＝白色＋黑色

第一篇 基本技法

以上混合的颜色面团是平时在面塑制作中常用到的，为使初学者更快的学会调配面团的颜色，下面用表列出颜色比例：

面料颜色的调配

本色面（份）	面料	黑	白	红	黄	蓝	橙	绿	桃红	面料（份）
本色面	5		2	1	1					肉　色
本色面	4		3		1				2	肉粉色
本色面		7		3						棕　色
本色面		3	7							灰　色
本色面					5			3		浅　绿
本色面	4				3	3				绿　色
本色面	6		2				2			橙　黄
本色面	4			3	3					橙　色
本色面				4		6				紫　色
本色面	4	1		5						深　红
本色面	4	1				5				深　蓝

此外，面团份量及配比不同，面团颜色的深浅程度就不一样，只有正确、熟练地掌握面团颜色的调配，才能不断使色彩变幻多样、所捏的作品色彩丰富，达到最佳效果。

要想面塑作品颜色搭配合理、协调、统一并不是一件容易的事，需要多学习色彩知识，还要细心观察色彩搭配实例，最重要的是要通过多实践认识色彩的搭配关系，这样，面塑作品才能做到艳而不俗，雅俗共赏。

二、基本技法

（一）基本技法

面塑的制作特点是"一印、二捏、三镶、四滚"，通俗地说就是"文的胸、武的肚、老人的背脊、美女的腰"。面塑常用的基本技法包括揉、搓、捏、挑、揪、压、滚、捻、剁、接、拨花、填

童心玩捏面塑　巧手融汇古今

补等等。

⇨ **揉球**

技法要点：为了避免因面团水分蒸发而导致硬或干燥，揉球时两手顺着一个方向揉，开始稍用一点力，然后慢慢减轻力量，这样面才能被揉得滋润有序，没有粗糙、不匀的现象，面团要揉得均匀、有形、软硬适中，直至揉到面团表面有光泽为止。

适用范围：此技法是面塑中最基本的技法，使用最为广泛，适用做各种动物头、身体或人物头部等。

（1）捏 　　　　（2）捏圆 　　　　（3）揉球要揉的光滑没有裂纹

⇨ **搓条**

技法要点：面团放在摊开的左手掌中间部位，用右手掌内侧微微倾斜着朝一个方向缓慢反复揉搓，直到得到一条圆柱形面柱，上下应基本达到大小、粗细一致的效果。注意均匀用力慢慢搓，控制节奏，避免力量时大时小。

适用范围：此技法是面塑中最基本技法，使用最为广泛。

（1）先揉圆 　　　　（2）用手掌内侧反复搓 　　　　（3）用手指继续搓

⇨ **搓彩条**

技法要点：各种材料的面团搓成粗细一致的条形，接着将这些条形叠起来形成一小捆面团，然后用双手掌内侧将整捆面条朝一个方向搓成一条中间稍粗两头较细的面柱，切记不能来回搓。

适用范围：此技法主要适用制作花蛇、鸟类翅膀和尾巴，另外还可以给人物做围巾等。色彩的数量和种类可根据自己所设计的形象，按需取用混合。

（1）把各种颜色的面条放在一起

（2）两端轻捏向前搓几下

（3）在手上朝着一个方向搓

（4）把花条折回来

（5）捏出头部和颈部

（6）贴上眼睛做出自己设计的形象

⇨ **捏**

技法要点： 取适当面料，主要用双手的拇指和食指配合操作，可以捏出各种形状。要求缓缓地均匀用力，忌用力过急、过猛。

适用范围： 用在面团调色、面团的前期处理和制作作品。

（1）先搓条

（2）把前面捏扁

（3）捏出大拇指

（4）捏出手的形状

（5）剪出四个手指

⇨**链珠**

技法要点：先将面团揉成球，再在手掌内下侧用另一只手的食指内侧顶端将小球搓成小条状，食指和中指同时搓，缓缓将条搓成较长的细条。（条的长度根据作品各部位之间的比例标准来定），然后根据大、小链珠的不同用途，用大、小梳子在搓好的细条上轻轻地压，顺时针轻轻一滚即可得到一串滚珠。滚珠时一定要小心，忌用力过猛、过大，否则梳子齿会把搓好的面条切断。一般用拇指和中指执住梳子中部，在整个梳子的梳齿面上平均轻轻用力滚动，这样滚珠成型较好、均匀，珠子之间连贯成链。

适用范围：制作玉米、人物项链、佛珠、衣物配饰等。

（1）先揉球后搓条　　　（2）继续搓成细条　　　（3）用梳子轻轻压在面条上滚珠

⇨**滚压**

技法要点：将面团捏出一个人头型后，左手拇指和食指捏住竹签，右手拇指、食指相互配合捏住拨子或滚子，然后在眉骨、下巴脖颈处反复滚压整理，用力要适中，不要使太大的力量。

适用范围：在制作人物开脸、作品对接时滚平接缝。

（1）滚压眉骨　　　　　　（2）滚压整理

⇨**压花纹**

技法要点：将面料先揉成球状，用右手食指把面团压扁，接着用梳子的齿尖在面饼上压出竖纹，然后再与竖纹交叉压出横纹。注意压球时不要压得太扁，面饼要有一定厚度，否则难以压出花纹或压出的花纹不明显，没有深度。

　　适用范围：竖纹、横纹之间的交叉角度以及用途可根据制作主题自行决定。

　（1）揉球　　　　（2）在掌心压扁　　（3）用梳子压竖纹　　（4）再交叉压出横纹

　　⇨ **捻**

　　技法要点：取适量面料放在左手掌内，用右手食指内侧先往左边捻平，再往右边捻回来，反复如此，直到得到一块大小适中、厚度均匀的面块为止。

　　适用范围：通过切割可以得到预定的面条，面条从左往右卷起就可变为简单的花。

　（1）把面搓成条　　　（2）先往左捻平　　　（3）再往右捻平

（4）用拨子侧面切面　（5）用手指把条从左往右卷起来　（6）继续用拨子尖拨挑成花形

　　⇨ **拨**

　　技法要点：其一，将面团放在左手掌内，根据自己所需要的大小搓成柱状，接着用拨子切割并拨起使用，可连续拨。其二，可向左、右拨，用力不要太大，要注意所拨作品的形状。

适用范围：其一用于制作人物眉毛、眼线等；其二用于制作人物和动物的耳朵等。

（1）搓条压扁并用拨子切割拨起　（2）根据作品需要可以连续拨　（3）向右或向左拨

⇨ **挑**

技法要点：在竹签上先捏出人物头部，接着压出眉骨，用拨子尖端在面部正中稍靠下的部位扎进去，慢慢往上挑起鼻梁，然后继续在眉骨下面的眼部挑起眼皮。需要特别注意的是，应根据五官的大小比例决定鼻子扎进去的长短，不能太深也不能太浅，动作缓慢、不要太急、太猛。否则会挑破鼻子。

适用范围：用于制作人物的鼻梁等。

（1）用拨子从脸正中扎进，慢慢挑起鼻梁　　（2）挑人物眼皮

⇨ **剪**

技法要点：使用剪刀时要注意剪刀的清洁，否则剪作品时会影响作品的形状。

适用范围：适用剪裁衣服、头发、手指、脚趾等。

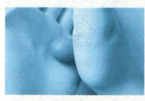  

（1）先揉球再压扁　　（2）可根据作品需要印制花纹　　（3）剪花形

⇨**延展**

技法要点：取适量的面料置于左手掌上，右手捏住拨子，用宽的一头压在面团上，接着向侧面展开直到得到一块厚度均匀的面片，注意面团延展的力度。

适用范围：适合制作人物的薄而透明的衣服等。

（1）揉圆轻轻压扁，拨子压在面上　（2）慢慢向右侧展开　（3）一直至展平为止

⇨**刮碎花**

技法要点：取适量的面料置于手掌上，右手捏住拨子，用宽的一头轻压在面团上，接着慢慢地向侧面展开直到得到一块厚度均匀、延展的面片。也可两块不同颜色面料一起延展。注意延展的面积、薄厚。然后根据作品的需要刮粗或刮细，要求均匀一致。

适用范围：适用于制作简单的花卉、仕女头饰和服饰衣服毛边等。

 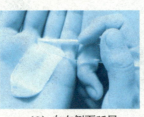 

（1）揉圆轻轻压扁　　（2）向右侧面延展　　（3）用拨子尖刮碎花

（4）两种颜色排列向右侧面延展　　　（5）用拨子尖刮双色碎花

(二)基本形状

⇨**圆形**

技法要点：将面团放在手心，双手加紧顺时针方向用力揉几下，然后逐渐减轻力量揉至面团圆润及表面光泽无痕即可。

⇨**椭圆形**

技法要点：将揉好的面球置于左手掌上，用食指局部来回搓成椭圆形即可。

⇨**保龄球形**

技法要点：在椭圆形的基础上，用食指局部来回搓出一条凹槽即可。

⇨**枣核形状**

技法要点：将揉好的面球置于左手掌上，用右手掌内侧分别轻搓面球两端，直到搓出尖状。两端大小要成比例，形状要由粗到细连贯，这样就可以得到一个两头尖的枣核形状了。

⇨**胖水滴形**

技法要点：在揉好圆形的基础上，将揉好的面球置于左手掌上，双手掌小手指边加紧，角度稍大一些，来回揉搓几下，至一边形成较短的尖形即可。

⇨长水滴形

技法要点：在搓成胖水滴的基础上，双手掌加紧角度再小一些搓成较长水滴形。

⇨细长水滴形

技法要点：将揉好的圆形放在台面上，手掌倾斜，小手指边与台面贴紧形成夹角来回揉搓，同时平行移动手掌，将圆形延展成一头尖一头较粗的细长水滴形。制作水滴形特别要注意手的平衡，这样搓出的尖细端才有形。

⇨凹状形

技法要点：将揉好的面球置于左手掌上，注意手的平衡，用右手的拇指、中指和无名指轻压在左手掌下部，然后用右手食指轻轻压在面球中间部位，上下搓，除了要注意右手的稳定，食指搓面球时用力要均匀，保持节奏，这样就可以得到一个两头圆中间凹的形状。

⇨方形

技法要点：将揉好的面球，用两手拇指和食指配合，根据需要压、塑出正方形或长方形。注意方形体的外侧面线条要直，平面要平坦，没有裂纹、扭曲和凹凸的现象。（用同样类似的方法，举一反三，可以制作出三角形和其他许多不规则形状。）

第二篇　备课资源

单元授课计划

单元主题	课题	知识要素	技能要求	德育渗透	课时
第一单元 想象无极限	认识新朋友	初步了解面塑艺术。	尝试揉、捏、剪、挑、压、粘等技能方法。	感受我国民间丰富多彩的面塑艺术形式及其特点。	一课时
	汉堡包	知道圆饼是面塑的主要构成要素之一；了解圆饼的制作方法，并运用圆饼来制作汉堡包。	运用圆饼塑造汉堡包的主体，采用小胖水滴等装饰汉堡包。	汉堡包做成的工艺品可以送给同学，增进同学间的友谊。	一课时
	线条的变化	知道条是面塑的主要构成要素之一。 了解搓条、搓花条的制作方法。	同一方向反复搓，搓出多种颜色混合的线条，探索线条搓花蛇的技巧。	尝试花条在生活中其他地方的运用，在生活中寻找美，发现美，创造美。	一课时
	基本形的组合——房子	知道各种形的组合是面塑的主要构成要素之一；了解图形组合的奥秘。	学习基本形的制作方法，运用基本形组合——房子，感受一个整体形的完成过程。	了解图形组合的奥秘，激发探究欲望，从而培养创造力。	一课时

第二篇　备课资源

单元主题	课题	知识要素	技能要求	德育渗透	课时
第一单元 想象无极限	基本形的组合——汽车	继续了解图形组合的奥秘。	继续学习基本形的制作方法，运用基本型组合——小汽车，感受一个整体型的完成过程。	讨论交流，互相启发，培养动手能力和创新精神。	一课时
第二单元 我们去实践	蔬菜——茄子	知道保龄球形（或长条）（一头粗一头细）是面塑的主要构成要素之一；了解茄子的构造。	学习保龄球的制作方法；运用揉、搓变化，制作一端头大带尖，一端成圆头的茄子。	培养健康的审美情趣，弘扬我国的民间艺术传统。	一课时
	蔬菜——黄瓜	知道细长水滴形（长条）是面塑的主要构成要素之一。了解黄瓜构造。	学习细长水滴的制作方法；运用揉、搓、挑、拨的方法制作黄瓜。	感受、体验生活，提高审美观察能力。	一课时
	蔬菜——玉米	继续细长水滴（长条）的学习，了解玉米的构造。	运用揉、搓、压、滚的方法制作玉米。继续了解蔬菜的不同的外形、肌理、色彩。	面塑本领的学习是一点一滴积累的。	一课时

童心玩捏面塑 巧手融汇古今

单元主题	课题	知识要素	技能要求	德育渗透	课时
第二单元 我们去实践	玫瑰花	了解球形和圆片的奇妙组合变化。	学习用球形、圆片组合变化塑造立体玫瑰花的形象。	体验"花"的自然美、艺术美，培养观察生活、热爱生活的情感与合作意识。	一课时
	莲花	了解圆球的奇妙变化。	学习用圆球进行变化塑造剪出立体莲花形象的方法。	激发和培养爱花之情、环保意识。	一课时
第三单元 虫虫大聚会	可爱的小蚂蚁	水滴形是面塑的主要构成要素之一；了解蚂蚁的身体构造。	学习揉、搓、压、折、贴等技法；掌握捏制蚂蚁的步骤与技巧；着重学习水滴形蚂蚁头的塑造和腿的折法。	昆虫是人类的好朋友，我们要爱护它们。	一课时
	淘气的小瓢虫	学会从正面了解瓢虫的身体构造。	学习用圆球压成半球体来塑造正面瓢虫形象的方法。	分辨美丑、善恶，养成爱护益虫，保护自然环境的习惯和意识。	一课时
	瓢虫的花衣服	学会从侧面了解瓢虫的身体构造。	学习用半圆体塑造侧面瓢虫形象的方法。	培养审美情趣。	一课时

单元主题	课题	知识要素	技能要求	德育渗透	课时
第三单元 虫虫大聚会	美丽的蝴蝶	了解蝴蝶的身体构造。	运用剪、粘的方法塑造正面、侧面的蝴蝶。	乐意与别人一起分享劳动的成果。	一课时
	虫虫大聚会	了解认识昆虫的特征，了解大自然各种各样的昆虫形状。	用揉、搓、卷、折、叠等方法对各种昆虫进行创意制作。	学习要掌握方法，学习就变得很快乐。	一课时
第四单元 可爱的动物	金鱼	了解金鱼的结构、特征及各部分的名称。	进行椭圆形和保龄球形的组合训练。运用揉、剪、压、粘、戳鳞等方法塑造金鱼。	"鱼"与"余"谐音，吉祥美好的祝愿。	一课时
	海豚	了解海豚的结构、特征及各部分的名称。	进行保龄球体型的训练，运用揉、搓、粘、压、镶等方法塑造海豚。	面塑的变化可真多，我们喜欢面塑。	一课时
	小老鼠	了解小老鼠的结构与造型。	进行水滴形头的捏制训练。运用团身，贴眼，压嘴，接身体，装四肢，塑造小老鼠。	像小老鼠一样天天快乐。	一课时

童心玩捏面塑 巧手融汇古今

单元主题	课题	知识要素	技能要求	德育渗透	课时
第四单元 可爱的动物	兽中之王——虎	了解老虎的结构与造型。	进行搓花条的训练。运用团身，贴脸、压嘴，接身体，装四肢，塑造老虎。	动物是人类的朋友，我们要爱护它们。	一课时
	可爱的兔子	了解兔子的结构与造型。	进行三叶草搓法的训练；运用团圆球，做五官的方法，塑造小兔子。	爱护小动物，它们是我们的好朋友。	一课时
	机灵的猴子	了解小猴的身体构造。	进行水滴形、桃心形的训练；运用团身，贴脸、做五官，接身体，装四肢，小组合作创作小猴。	保护小动物，它们是我们的好朋友。	一课时
	猪之家	了解猪的结构与造型。	学习卡通猪（贴脸）的面塑方法。	漂亮的东西源自大脑的思考，经常思考的人会变得更聪明。	一课时

第二篇 备课资源

单元 主题	课题	知识要素	技能要求	德育渗透	课时
第四单元 可爱的动物	熊猫咪咪	了解熊猫的结构与造型。	进行圆形、椭圆形组合训练，抓住动物特征，运用不同大小的圆形塑造出大熊猫的各种动态。	国宝动物的保护，人人有责。	一课时
	中国龙(1)	了解龙的结构与造型（身体）。	进行细长水滴的训练；剪出较细致的龙鳞，龙爪，塑造龙的身体。	中国是龙的故乡，我们是龙的传人。	一课时
	中国龙(2)	了解龙的结构与造型（龙头）。	进行三叶草的训练，探索学习龙头的表现方法。	感受中国深厚的文化底蕴。	一课时
第五单元 卡通人乐园	我为你塑像	了解五官位置，发型变化。	学习揉、捏、搓、粘等技法进行头像的造型创作。	我为人人，人人为我。	一课时
	表演的人(1)	了解人物的大体比例和不同姿态，掌握立体人物造型的基本方法、制作步骤。	学习揉、捏、搓、贴、接等面塑技法，塑造简单的人物动态。	体验同学间的友谊，感受人与人之间的美好情感。	一课时

童心玩捏面塑 巧手融汇古今

单元主题	课题	知识要素	技能要求	德育渗透	课时
第五单元 卡通人乐园	表演的人(2)	继续了解立体人物动态造型的基本方法。	巩固学习人物动态的塑造方法。	相互帮助,相互学习。培养协调合作能力。	一课时
	三个和尚	了解中国卡通人物形象。	尝试平面图案塑造立体造型的方法。	小组协作,增强同学间的团结合作精神。	一课时
	圣诞老人	了解西方国家过年文化。	进行拨碎花技巧练习;塑造圣诞老人立体形象。	圣诞老人年年到,生活真美好。	一课时

第二篇　备课资源

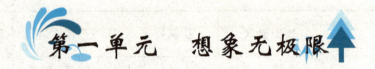

第一单元　想象无极限

 # 1. 认识新朋友

一、教学目标

(一)知识与技能目标

初步认识面塑艺术，感受我国民间丰富多彩的面塑艺术形式及其特点。

(二)过程与方法目标

尝试运用揉、捏、搓、剪、压、粘等方法，塑造一个自己喜欢的小动物。

(三)情感态度与价值观目标

激发学生对面塑艺术的浓厚兴趣，并乐于了解与学习民间传统文化。

二、教学重点难点

(一)教学重点

了解面塑艺术，学习面塑艺术制作的几种基本技法。尝试进行揉、捏、搓、剪、压、粘等方法的实际应用。

(二)教学难点

引导学生懂得欣赏民间面塑的表现手法，如夸张、变形、装饰等。

童心玩捏面塑　巧手融汇古今

32

三、教具准备

面塑常用工具：拨子(也叫塑刀)、滚子、剪子、小梳子、擦手油等。其中拨子是最主要的工具，它的形状似柳树叶，一头有尖。拨子一般可以用有机玻璃或旧的牙刷把制作，规格根据个人需要制作。此外，还要准备一些小竹签等。

四、教学过程

(一)导入

1. 同学们，摆在我们面前的是"面"，发挥自己的想象，你们可以玩一玩。

现在，就让我们走近面塑，认识一下这位新朋友吧。(板书课题：认识新朋友)它还有一个可爱的名字叫"面人"。面塑是来自民间的工艺，取材简便，手法也很随意，你们很快就可以掌握。面塑艺术是创造美的艺术，它具有很强的实践性，传统的面塑内容，都取材于传说故事、历史故事以及戏曲人物等。不过只要你懂得基本的造型技巧，就可以根据自己的喜好随意设计。面柔软、细腻，容易粘和，能充分吃透色彩，因此面塑作品的精致和华丽，是其他材料的雕塑作品很难达到的。

2. 你们都见过什么样的面人？

3. 课件展示。

(1)让学生欣赏不同种类的面人形象。

《立体——寿星》

《面贴——硕果》

《棍插——猪八戒》

师：面塑制作一定要先有感动自己的构思，然后才能动手。作品是感情的载体，做面塑必须把激情投入其中，然后通过作品传达出来感染别人，才能做出成功的作品。

（2）让学生欣赏不同种类形象的面花。

《插花类型》

《素面型》

《贴花型》

（二）讲授新课

1. 思考：这些作品是如何塑造出来的？

引导学生学习民间面塑的表现手法——夸张、变形、装饰。

2. 分析并讲解面塑的制作方法。

揉、捏、搓、剪、压、粘

3. 还可以借助一些工具帮助，并分别演示用法。

梳子、牙签、牙刷、拨子等。

4. 看课件。

这些方法在实际造型中还需要灵活运用。下面请大家欣赏一位民间艺人的作品，边看边想，他是如何用这些技法表现作品的？

欣赏优秀的学生作品，找找各部分都是用什么方法制作的。

（1）色彩搭配上有什么特点？（色彩艳丽，热烈又强烈的对比）

（2）你最喜欢哪件作品，哪件最吸引你？

5. 小组探究。

关于面塑你还想知道些什么？教师给予讲解。

6. 尝试运用揉、捏、搓、剪、压、粘等技法做个小动物。

（三）总结

1. 今天这节课你学到了什么知识？

2. 今天我们认识了一位新朋友——面塑。

3. 课后，同学们可以到商店或上网查询了解还有哪些形式的面塑？把你的新发现告诉老师和同学。

面塑艺术在我国有着悠久的历史，经过几个世纪的演变，面塑工艺继承了传统，又表现出了时代精神。面塑并不神秘，如果你感兴趣的话，不妨自己在家里也动手做做，会让你的手更加灵巧，头脑更富想象力。

五、教学评价

本课以多媒体教学课件、结合实物进行教学，尽量采用实物投影进行放大教学，让学生看清面塑作品表现的各个生动细节。课堂策略主要以师生互动和学生交流为主，考虑到了学生刚刚接触面塑，所以在教学设计上力求让学生在学中玩，玩中学。在创设的情境中，以学生为主体，教师进行引导。

评价点：教师是否能引导学生通过观察，实践，增强学生对面塑的感性认识，开阔学生的创作思路。学生能否认真而有效地参与观察、交流等活动，能否领会并表述出面塑作品的意图。

2. 汉堡包

一、教学目标

(一)知识与技能目标

1. 了解汉堡包的相关小知识，了解汉堡包的外形、结构等特征；

2. 进行圆饼制作训练，感知彩面立体造型和色彩搭配的基本方法；

3. 尝试进一步学习和运用揉、压、粘的技法，并初步学习和了解挤、扎等。

(二)过程与方法目标

1. 学习和体验揉、压、挤、扎、粘等面塑的基本技法。

2. 学习立体造型和色彩搭配两个要素的基本方法，并在这一过程中学会细心观察和大胆创造。

(三)情感态度与价值观目标

1. 帮助学生体会和发现生活中的美，并初步尝试体验立体造型所带来的乐趣。

2. 锻炼学生仔细观察和大胆创造的态度和精神。

二、教学重点难点

(一)教学重点

引导学生对"汉堡包"的外形、结构进行观察、认识，注重外形构造以及与生菜叶、酥脆、沙拉酱的得当搭配。

(二)教学难点

生菜叶、沙拉酱的表现。

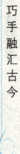

童心玩捏面塑　巧手融汇古今

三、教具准备

PPT 课件，汉堡包成品、半成品，制作步骤示意图，电脑，投影仪等。

四、教学过程

(一)导入

1. 教师穿着糕点师傅的白大衣，戴着高高的白帽子，走进教室，手里捧着一盘用白色的餐纸遮盖的点心：同学们，猜猜老师给你们带来什么样的新礼物？

同学们，我们把这些用面、鸡蛋、奶油等制作的小食品称作——点心(板书课题)。

2. 教师打开餐纸，学生能够看到精美的点心。

(二)讲授新课

1. 点心小知识的学习。

师：喜欢老师带来的礼物吗？你猜猜老师喜欢这其中的哪一个？

中国有七百多种点心，老师最喜欢这个——月饼。(板书：月饼)

教师出示月饼，并讲解喜欢的原因：每年的八月十五，我们吃月饼、赏月亮，全家人聚在一起非常开心，非常幸福。小小的月饼代表团圆吉祥，月饼被称为中国最具有代表性的点心。

师：同学们，你知道西方国家最具有代表性的"点心"是什么吗？

2. 老师带的点心里藏着一个西方的点心，谁能挑出来？

3. 汉堡包简介。

汉堡包，被称为西方五大快餐之一，如何起源的呢？

原始的汉堡包是剁碎的牛肉末和面做成的肉饼，故称牛肉饼。

古代鞑靼人有生吃牛肉的习惯，随着鞑靼人的西迁，先传入巴尔干半岛，而后传到德意志，逐渐改生食为熟食。德国汉堡地区的人将其加以改进，将剁碎的牛肉泥搓在面粉中，摊成饼煎烤来吃，遂以地名而称为"汉堡肉饼"。1850年，德国移民将汉堡肉饼烹制技艺带到美国。1932年有人将这种油炸牛肉饼夹入表面撒有芝麻的小圆面包中作为主食或点心食用，后来花样翻新，逐渐与三明治合流，将牛肉饼夹在一剖为二的小面包当中，所以得名汉堡包，意为有汉堡牛肉饼的面包。

近年来，除了传统的牛肉饼外，还在圆面包的第二层涂以黄油、芥末、番茄酱、沙拉酱等，再夹入番茄片、洋葱、蔬菜、酸黄瓜等食物，就可以同时吃到主副食。这种食物食用方便、风味可口、营养全面，现在已经成为畅销世界的方便主食之一。

4. 学生结合实际情况，说说自己吃的汉堡包是什么样的。

教师板书：汉堡包

谁想向大家描述你吃过的汉堡包的形状，再说说它上面、里面的装饰？学生简单介绍有关汉堡包的一些知识或趣闻。

师生共同观赏汉堡包的课件。

师：汉堡包而因地区不同而风格各异，花样繁多。（出示大量图片，邀请学生上来发表观点：颜色，形状）

教师板书：汉堡包

课件：汉堡包形状图片。

5. 探究汉堡包的形状。

和学生共同尝试将面泥改变成各种形状（教师鼓励学生到前边演示各种方法）

（看课件）汉堡包都可以做成哪些形状？用什么手法？教师主要讲解扁圆的制作方法：

（1）搓成粗细不一的条形；

（2）团成大小不一的圆形；

（3）压成各种规则和不规则的饼。

6. 出示教师做的汉堡包，引导学生一起分析制作汉堡包的步骤，说一说它们是用什么装饰的，装饰在哪儿？探究汉堡包的色彩搭配及各种造型装饰。（重点讲解生菜的制作方法，突破难点）

生菜叶制作方法：

7. 师生共同总结制作汉堡包步骤。

做了形状再装饰；

轻轻揉捏细细搓；

颜色多样巧搭配；

与众不同我最棒。

8. 汉堡包有哪些颜色组成？比较色彩。

出示单一色制作的汉堡包，与颜色丰富的汉堡包相比。

9. 分析具体做法。

（1）想一想它们是怎么做的？先做哪儿？再做哪儿？

先下面：一大块揉圆，压扁圆。

做酥脆、做生菜，做沙拉酱，压紧。

再上面：小胖水滴做成芝麻粒。也可以用其他方法：捏、切、划、扎等。

（2）制作大步骤（出示步骤图）

同学们看得都挺仔细的，回答得也不错，接下来我们来看看谁是最聪明的汉堡包师傅。

（三）布置作业，巡视课堂

1. 提示。

（1）在做时不要把彩面掉在地上，如果掉下了马上捡起来；

（2）不要将彩面放入口中；

（3）可以小组合作，也可以单独完成。不要影响其他人。

2. 作业要求。

创意新颖，与众不同。色彩鲜艳，搭配和谐。

3. 比一比，哪些同学制作的汉堡包最漂亮，谁是最能干的小师傅。

巡视课堂，对学生进行个别辅导，针对作业问题进行讲解，展示。

（四）展示、评价、拓展

汉堡包还可以做成各种实用小物件，你还可以想出其他造型的汉堡包吗？

五、教学评价

本节课的教学内容与学生的生活实际联系较为紧密，小孩子爱吃汉堡包，熟悉汉堡包，学习用面泥制作汉堡包能够激发学生的浓厚兴趣；汉堡包从形状与花纹的表现来看，给予学生的想象与创造空间非常大，在制作汉堡包创新实践活动中十分有利于学生创新能力的培养。

评价点：

1. 注重对学生审美能力的培养。

2. 特别重视激发学生的创新精神和培养学生的实践能力；应鼓励学生在欣赏汉堡包活动中，开展探究性的学习，发表自己独特的见解。

3. 创设一定的文化情境，增强文化含量，加深对文化和历史的认识，涵养人文精神。

4. 鼓励学生进行综合性与探究性学习，与学生生活经验的联系，培养学生的综合思维和综合探究的能力。

第二篇 备课资源

3. 线条的变化

一、教学目标

(一)知识与技能目标

1. 学习和领会掌握搓条、搓花条的方法。

2. 在学习制作面塑的过程中,拓展关于蛇的外形、特征、生活习性等常识。

(二)过程与方法目标

运用搓的造型元素和手工立体造型方法设计制作蛇。

(三)情感态度与价值观目标

1. 培养学生热爱生活,保护、爱护动物的情感。

2. 在制作蛇的过程中激发学生大胆想象制作丰富多样的蛇,培养学生的想象力和创造力。

二、教学重点难点

(一)教学重点

学习搓条、搓花条的方法。

(二)教学难点

能运用搓的技法,完成一条蛇的制作。

三、教具准备

1. 教师:多媒体教学网络平台。面塑作品实物,相关工具材料。

2. 学生:彩面、拨子。

童心玩捏面塑　巧手融汇古今

四、教学过程

(一)故事导入新课

讲"糖葫芦"、"可爱的冰蛇"两个故事并欣赏画面。

(二)讲授新课

1. 欣赏课件里的蛇，你认识哪几种蛇？

人们谈起蛇年总会想到它有蛇毒，很可怕，其实蛇是非常聪明灵活的，它会做些什么？有什么可爱的地方呢？

谈论：

(1)在印度有一种蛇，每当它听到笛声，就会把身体扭来扭去，像人在跳舞一样。

(2)蛇能把人卷起来，这种蛇在泰国最多，它们总是盘在人的脖子上，和游客在一起照相。

(3)在非洲，蛇还会替主人看门，只要有陌生人上门，蛇立即竖起脑袋伸出毒牙向他进攻……蛇的这些本领是哪来的呢？(是人训练出来的)

现在我们跟训蛇人一起去挑选蛇(出示图案)，讨论：这个训

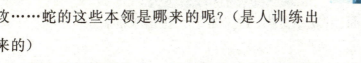

蛇人来到丛林里，仔仔细细地转了一圈，看到一条什么样的蛇（一种颜色、像图画里面的线条）。我们给它起个名字叫"条子蛇"吧。

① 这种蛇有什么形态特征？（三角形的头，圆而细长的身体，尖尖的尾巴）

② 细长的身体怎么表现？（用搓的技法，怎么搓?）

③ 学生尝试体验搓（单色）蛇的方法。

教师辅导、针对学生搓蛇过程中出现的问题加以讨论。

④搓条的技巧。

按照所估计的面料量，把面放在左手掌中间部位，用右手掌内侧微微倾斜着朝一个方向缓慢反复揉搓，直到得到一条圆柱形面柱，通体上下达到大小一致。

蛇的形象粗细不同，所以从蛇头部位到蛇尾要均匀用力慢慢搓，控制节奏。避免力量时大时小。

⑤学生继续尝试。

(4)是不是所有的蛇都是一种颜色的条子蛇呢？让我们再去找一找，在草丛中又发现一条蛇（出示图案 2）。讨论：这条蛇叫什么名字呢？说说原因（"波浪蛇"：有粗波浪线细波浪线组成）这条蛇的花纹看上去很复杂，其实很简单，我们叫它"花条蛇"吧。

①出示面塑"花条蛇"，这又是怎么搓出来的？

②学生大胆尝试。

③搓花条的技巧。

取各色面料搓成小条放在手掌上，将小面条叠起形成一捆面团，在手上朝着一个方向搓。

④学生继续尝试。

2. 蛇头、信子表现方法。

3. 蛇的动态表现方法（课件观看各种蛇的动态）。

4. 以平面与立体表现的蛇和生肖蛇给你什么感觉（可爱、雅致、有趣、夸张、拟人）？

5. 想一想，蛇怎样变，形象才可爱？

(三)学生动手设计蛇，突破难点

1. 看一看，欣赏老师手中各种蛇的面塑作品，猜一猜，它们是怎样做出来的？

是什么花纹呢（三角形）？找找蛇的身上有些什么样的三角形

（正三角、倒三角、粗三角、细三角)？真是一条既好看又特别的蛇。我们叫它"金字塔蛇"。

介绍有创意的图案，鼓励大家来变一变。

2.比一比，经过搓条、搓花条的组合，看谁能设计出新的作品？

3.试一试：参考制作步骤。也来设计制作一条蛇。

想一想：如何装饰才可爱？（欣赏卡通蛇图片）

注意蛇身体的弯曲度能影响蛇的动态。

（四）评一评

谁做的蛇最有个性，与众不同？

添上漂亮的花纹。造型、色彩花纹等与众不同。

五、教学评价

1.重视对学生学习方法的研究，引导学生感受观察、体验、表现等为主的学习方法，进行自主学习。

2.以各种生动有趣的教学手段，引导学生增强对蛇形象的感受能力与想象能力，激发学生学习面塑的兴趣。

4. 基本形的组合——房子

一、教学目标

(一)知识与技能目标

1. 了解基本形的概念，尝试运用揉、捏等技巧，学会长方形、圆形、三角形屋顶等面塑基本形的制作方法。

2. 在制作房子的过程中拓宽学生关于房子等的基本生活常识。

(二)过程与方法目标

学生能运用基本形组合出一些基本图案，感受一个整体形的完成过程。

(三)情感态度与价值观目标

让学生了解图形组合的奥秘，激发学生的探究欲望，从而培养学生的创造力。

二、教学重点、难点

(一)教学重点

学会简单基本形的面塑制作方法。

(二)教学难点

学生运用基本形组合出一些基本图案，顺利练习。

三、教具准备

1. 教师：多媒体教学网络平台；彩面、拨子、面塑作品实物。

2. 学生：彩面、拨子。

四、教学过程

(一)游戏导入

1. 同学们，首先跟老师做一个游戏，老师说哪里，你们摸一摸哪里。手、头、脚，说到脚的时候，同学们跺跺脚，看谁踢得最高，让老师找一只最好看的鞋子（找一只侧面最像三角形的鞋子）。游戏的导入可以使孩子放松，并且一上课就吸引了孩子们的注意力。

这么看这只鞋，它是一个什么基本形？（教师用一个彩色三角形比划提示一下）让我们再来这么看这只鞋，立起来它是一个什么形状？（教师用彩色长方形比划一下鞋底）现在我们来看。这只鞋病了，病好了起来打了一个大哈欠（教师用圆形在嘴前面比划一下），现在我们来一起打一个哈欠，（学生互动）感觉一下，是什么形状的？（引导孩子们学会整体的看待各种复杂的物体，并了解物体在不同情况和角度下的变化）

2. 我们发现了，这只鞋并不是三角形或长方形或圆形，而是三种图形的组合，让我们一起来念一遍——"三种图形的组合"（语言巩固学生对组合的印象）。所以，我们看到的很多东西，都可以概括出基本形，这对与我们学习面塑有很大帮助。

(二)讲授新课

这节课我们来看一看用基本形来盖间小房子。

1. 现在让我们看看屋顶，看看左面、再看看右面，告诉老师都什么东西是方形的、圆形的、三角形的？都什么东西是由方形、圆形、三角形组合起来的？（依学生的发现——分析）

2.（教师拿出一个塑料袋）让我们看，这个塑料袋一点都不好，我揉啊揉，把它扔掉，又回来了，同学们看，是什么形状？（圆形）现在注意了，圆形打开抖一抖又是什么形状？（方形）好，大家看这个塑料袋我要给他装东西，变成了什么形状？（三角形）现在我们再把它转起来是什么形状？（圆形）。（引导孩子从不同的角度看物体，认识到物体的变化）

3. 我们生活中的东西的形状是在不断变化的。现在同学们在把身边的东西动一动，看怎样变成方、圆、三角形？

4. 游戏。

（1）一个不透明的布口袋，口袋里是几何图形的积木，学生分两组（竞赛类游戏可调动学生的积极性），分别将手伸到口袋里摸，感觉是什么形状，获胜组获得奖励分数。（下课前评选出获胜组）（以组为单位调动学生，可培养学生的集体荣誉感，培养学生的合作精神）

（2）分组玩积木，先玩一会儿，老师再提出要求，看哪组用积木拼搭成的房子最多。

5. 捏制。

（1）先观察积木房子，研究房子的组合（分简单房子的组合和复杂房子的组合）。这时，你是个建筑工人，要把房子的基本结构安排好。

（2）基本图形：圆柱形主体、三角形屋顶的面塑制作方法。

制作方法（房子的主体）（教师演示方法）

思考：三角形屋顶如何制作？

同学们也来揉一揉、捏一捏。

师出示儿歌：

圆形方形三角形，大小差异各不同。

不同形状叠一叠，组合变化趣无穷。

　师：我只用了两种基本形，想一想，你盖的小房子要是运用多种基本形是不是更丰富呢？

　学生自主探究

（3）添加环境。

出示房子完成图，进行简单环境的添加。

（1）做完的添加上简单环境。

（2）学生制作方形、圆形、三角形，捏出门、窗、树等背景、丰富作品。

（三）练习

学生巩固练习——捏房子。

学会了这些图形的制作方法，你们可以精心设计你的房子。可同桌相互学习，也可进行小组交流学习。

教师巡视指导。

（四）评价

展示部分学生的作品，并进行评价，表扬捏得好、有创意的同学。

（五）总结

1.同学们，今天你们学会了什么？

2.希望同学们今后能运用我们学过的这些基本形组合捏出更美的作品。

五、教学评价

本课内容不难，而且学生很感兴趣。学生要首先学会基本形的制作方法，按照步骤做出房子后，能简单添加环境。同样的房子，学生的捏法不一，有些同学会利用长方形捏出轮廓，有的会用直线折出轮廓。对两种方法都给予肯定，只要是能灵活运用所学知识技能就可以了，不必拘于一种形式。这节课，学生很容易感受、体验成功的快乐，从而利于提高他们的面塑兴趣。

评价点：

童心玩捏面塑 巧手融汇古今

	评价内容	学生自我评价	构建评价内容的主体
态度习惯	准备工作		
	课堂常规		
	投入程度		
知识能力	知识的理解		教师
	构思与创新		
	技能技巧运用		
	表现力		
兴趣爱好	对自己作品满意程度		
	本堂课的情感体验		
	最感兴趣的是什么？		
你还想取得哪些成果？			学生

5. 想象中的小汽车

一、教学目标

(一)知识与技能

1. 了解小汽车的基本结构，相关知识(种类、外形特点、用途等)。

2. 学习并初步掌握捏塑小汽车的基本方法。

(二)过程与方法

1. 鼓励学生充分运用大胆、合理的想象，从功能上设计汽车造型。

2. 在创作中体验设计汽车美感，在探索中捕捉创作灵感。

(三)情感态度与价值观

通过讨论交流，互相启发，培养学生的动手能力和创新精神。

二、教学重点难点

(一)教学重点

通过对汽车结构、功能的初步认识，指导学生设计创作汽车。

(二)教学难点

设计制作出有新意的汽车。

三、课前准备

有关范例、玩具汽车、小汽车的各种图片，教具、彩面、各种面塑工具。

第二篇　备课资源

四、教学过程

(一)引导阶段：激趣引入

在学生设计汽车之前，先让学生欣赏汽车图片（1905年生产的蒸汽汽车），主要是让学生了解汽车的结构和功能，激发学生兴趣。

(二)发展阶段：欣赏与探索

1. 学生观察自己带来的玩具汽车（公共汽车、火车、铲土车等），请同学们说说这些汽车的共同点，它们的基本造型是什么样？都有什么用途？（学生：思考、讨论、回答）

2. 出示几张汽车图片，学生欣赏。

3. 教师及时鼓励学生，并适时进行小结。

观察发现：这些汽车都有哪些相同和不同之处？

（都有车头——掌握方向。轮子——圆形——行走，车身有长方形或不规则形状等。它们可以用来载客或铲土等）

4. 继续欣赏课件中的汽车，进行讨论、交流：

童心玩捏面塑　巧手融汇古今

（1）请同学谈谈自己的发现。（这些汽车与刚才所看到汽车有哪些相同的地方，有什么不同点）

学生交流回答：这些汽车在造型设计上借助了生活用品、交通工具、建筑物的外型进行改装，造型比较抽象。

教师小结：这些小汽车的基本组成部分相同；只在造型和色彩上有一些差别。

（2）当今社会最方便、快捷的交通工具要数小汽车了，拥有一辆自己的小汽车，你的生活一定会更丰富而精彩。今天我们继续面塑基本形的学习，设计一辆小汽车。

出示课题：想象中的小汽车。

（3）提问：你想拥有一辆自己的小汽车吗？你想象中的小汽车在造型和功能上有什么独特之处吗？

A. 带翅膀的汽车，遇到不好走的路，就飞过去。

B. 水果车，汽车的样子像水果。

C. 不用开，自己就能走的汽车。

（4）欣赏其他同学作品，开拓学生的思维：

在当一名小设计师前，我们先去看看其他小朋友是怎样设计自己的汽车（他们设计的汽车根据用途都做了什么样的不同改变，并进行说明在哪些地方富有创意）。

作业要求：运用自己掌握的面塑方法以独立创作或同伴合作的形式创作出自己想象中的小汽车。

（三）学生实践、老师巡回辅导

学生动手设计，教师加强个别辅导，及时表扬富有创意的作品。

辅导要点：鼓励学生运用多种造型语言大胆想象创作，强调小汽车的基本结构；辅导过程中给学生复习巩固揉、团、搓、捏、切、压、挖等制作手法和面球、方形、搓条、面片等造型语言。

（四）展示、评价、反思

师生评价作品，一起分享成功的喜悦。赞扬优点，提出建议。

五、教学评价

评价点：

评价项目	评价要点	自评	互评	评价项目	评价要点	自评	互评
在活动中参与的态度	认真参与面塑学习			在活动中获得的体验	善于提问，乐于研究		
	努力创作完成作品				能对自己进行反思		
	主动提出作品设想				尊重他人想法成果		
	乐于合作，能和同学交流				勇于克服困难		
在活动中学习方法的掌握	能用多种途径获取信息			我想说的话：			
	能运用已有的知识解决问题						

评价项目	评价要点	自评	互评	评价项目	评价要点	自评	互评
在活动中的实践能力的发展	有求知的好奇心、探索的欲望						
	独立思考、自主学习，主动发现问题，提出问题，寻求解决问题的方法						
	积极实践，发挥个性特长，施展才华			教师评价			

第二篇　备课资源

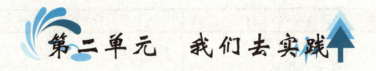

第二单元　我们去实践

1. 菜园系列面塑——茄子

一、教学目标

(一)知识与技能目标

1. 认识面塑工具，了解蔬菜不同的外形、肌理、色彩等。

2. 学习并掌握制作茄子面塑的基本步骤和技巧。

(二)过程与方法目标

通过学习制作茄子，掌握面塑的搓、捏、揉、压等技法。

(三)情感、态度与价值观目标

培养学生健康的审美情趣，弘扬我国的民间艺术传统。

二、教学重点、难点

(一)教学重点

学习搓、捏、揉、压等面塑技法，塑造茄子。

(二)教学难点

掌握茄子蒂的塑造过程和方法。

三、教具准备

1. 教师：多媒体教学网络平台、彩面、拨子、长条茄子、面塑蔬菜作品实物。

2. 学生：彩面、拨子、梳子、剪刀等。

四、教学过程

（一）导入

1. 欣赏茄子面塑作品（课件欣赏）。

2. 学生谈自己的观后感

经过不断的流传、演化，面塑艺术的形式、内容不断推陈出新，其独特的艺术魅力仍然为许多艺术爱好者所动，他们重金订购或作为赠送亲朋的贺礼，或作为陈设摆放在自家作为艺术装饰品、收藏品。许多高质量的面塑艺术作品在国外获得很高的荣誉，优秀的艺术作品作为国礼赠外宾。在外贸、旅游产品方面，面塑艺术作品也备受大众的欢迎。今天我们也来模仿和创造一些作品。

（二）新授

1. 确定课题，了解手法。

（1）开心一笑

（2）欣赏：白菜、萝卜、辣椒、黄瓜、茄子等。

提问：看看它们的基本形、色彩分别是什么样子？

（外形、肌理、色彩）　　　（长条形状、一端大一端小）

2. 确定主题

(1)讨论这些蔬菜的基本形，你认为制作技巧是什么？（讲解基本形的制作方法）。

(2)在制作前，让学生认识一下各种工具，并掌握它们基本的使用方法。

学习常用的手法：

搓：两个手的手心相对，把面放在手掌中间，手指伸直并拢，双手来回作相反方向的运动。

捏：一般以拇指和食指，中指相向用力为主，无名指和小指起辅助作用。捏，是面塑制作的主要手法之一。一般来说，用捏的方法可以做出所需要的任何一种形状。

揉：和搓的动作比较接近。搓，是双手作来回运动，而揉，是双手手心相对按顺时针或逆时针方向作圆周运动。揉的结果一般是把面加工成球的形状。

压：压是两手手心相对，把面放在中间，手掌或手指相互用力，把团状或块状的面加工成扁扁的开关的动作。也可以把面放在垫板上，用一只手向下压，也可达到相同的效果。

(三)选择材料初步制作

1. 设计草图。

画效果图：画出整体效果图

画步骤图：

画出每一步的形状，且要注明各步骤使用的手法。

茄子面塑制作活动表

姓 名		班级		时间	
作品名称					
使用材料					
设计草图					
过程感受					

2. 教师示范

揉   搓   完成图

3. 根据设计图，选择相应的材料，通过搓、团、捏，制作成所需要的形。

(1)事先要根据自己制作的系列内容，把所需要的广告色加入素面中揉成各色用料。

(2)搓揉时要注意直到面团表面光滑为止。

(3)捏的手法要轻柔、细致。

(四)组合成系列

根据自己设计的系列，将蔬菜按大小比例布局组合，造型摆放，注意穿插与明暗。

(五)课后的延伸

根据学生的制作成品，着重表扬大胆、有创新的学生。鼓励全体学生继续努力大胆思维，勇于创新。运用已有的制作经验，捏制形态各异的作品。

五、教学评价，分享收获

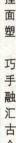

活动过后，让学生通过自评和互评，找到自己成功和不足之处，以便今后更好地开展类似的活动。由学生当小小讲解员，通过作品展览的形式，让学生分享成功的快乐。

评价要点：

材料准备			作品效果		
工具准备			安全操作		
制作步骤			团结协作		

2. 菜园系列面塑——黄瓜

一、教学目标

(一)知识与技能目标

1. 了解黄瓜不同的外形、肌理、色彩等。

2. 掌握制作黄瓜面塑的基本步骤和技巧。

(二)过程与方法目标

通过学习制作黄瓜，体会并掌握面塑的揉、搓、挑、扎等技法。

(三)情感、态度与价值观目标

培养学生健康的审美情趣，弘扬我国的民间艺术传统。

二、教学重、难点

(一)教学重点

学习揉、搓、挑、扎等面塑技法，塑造黄瓜。

(二)教学难点

黄瓜刺的塑造。

三、教具准备

1. 教师：多媒体教学网络平台、彩面、拨子、黄瓜、面塑蔬菜作品实物。

2. 学生：彩面、拨子、梳子、剪刀等。

四、教学过程

（一）导入

1. 每个小组桌上放着蔬菜黄瓜和老师做的黄瓜面塑作品，请同学们欣赏。

黄瓜是生活中常见的一种蔬菜，这种蔬菜大家非常熟悉，脑海里已经有了大概的印象，用真黄瓜和老师做的黄瓜比一比。

2. 黄瓜简介（课件）

黄瓜又名青瓜、胡瓜、王瓜、刺瓜。黄瓜为葫芦科植物。蔓生攀援草本，茎细长，有纵棱，被短刚毛，是汉朝张骞出使西域时带回来的。茎蔓可长达3米以上，有分枝。叶掌状，大而薄，叶缘有细锯齿。花通常为单性，雌雄同株。瓠果，长数厘米至70厘米以上。嫩果颜色由乳白至深绿。果面光滑或具白、褐或黑色的瘤刺。

（二）讲授新课

1. 问题：仔细观察黄瓜的形态和颜色。（如果有条件，到菜园观察整棵的黄瓜植株。）

（长椭圆形，种皮浅黄色。）

2. 鲜嫩的黄瓜主要包括哪几部分？

3. 黄瓜的叶片是什么形状的？

4. 教师演示黄瓜的制作步骤。

（1）做黄瓜身子，取稍大绿色面块，搓成细长的水滴状，用作黄瓜的身子。在稍粗一端的三分之一处，轻轻搓几下，做出黄瓜把。斜放在卡纸上，成一定的弧度。

童心玩捏面塑　巧手融汇古今

（2）挑刺。把细的一端向上放在左手心里，右手用拨子从顶端依次挑刺，要均匀但不要太过整齐。

（3）做黄瓜花。取黄色面块，拨花，放在黄瓜的顶端（尖的一头）。

（4）黄瓜藤。取绿色面块，搓成细长条。一端粘在黄瓜把上，然后轻轻向下缠绕上两个圈，另一端自然垂下。

（5）做叶子。取绿色面块，搓成胖水滴状，压扁，用拨子在两边分别抿两下，在水滴的尖端往下抿一下。然后用拨子圆滑的一端在中间压出叶脉。盖在黄瓜把上。

（三）学生实践，教师巡回辅导

黄瓜的植株是什么样子的呢？小组同学互相切磋学习，收获会更大。动手做一株漂亮的黄瓜吧。

黄瓜面塑制作活动表

姓　名		班级		时间	
作品名称					
使用材料					
设计草图					
过程感受					

（四）汇报与展示

展示作品，交流感受。

五、教学评价

　　学生对黄瓜较熟悉，也掌握了搓的技巧和简单工具的使用，对今天所学的知识应该没有问题，但运用的是否恰当，是否能达到预想的目标，还需要老师多加辅导。有些同学可能会有困难。所以还要老师一步步引导学生熟练运用所学到的知识，解决实际问题。观察学生能否大胆表达自己的创作意图和对他人作品的意见。

评价要点：

材料准备					作品效果			
工具准备					安全操作			
制作步骤					团结协作			

3. 菜园系列面塑——玉米

一、教学目标

(一)知识与技能目标

1. 了解玉米的外形、肌理、色彩等。

2. 掌握制作玉米面塑的基本步骤和技巧。

(二)过程与方法目标

通过学习制作玉米，掌握面塑的揉、搓、压、滚等技法。

(三)情感、态度与价值观目标

培养学生健康的审美情趣，弘扬我国的民间艺术传统。

二、教学重点、难点

(一)教学重点

学习揉、搓、压、滚等面塑技法，塑造玉米。

(二)教学难点

梳子滚出的玉米条是否均匀，玉米粒是否圆润完整。

三、教具准备

1. 教师：多媒体教学网络平台、彩面、拨子、面塑玉米作品实物。

2. 学生：彩面、拨子、梳子、剪刀等。

四、教学过程

(一)导入

1.(出示梳子)同学们，你们认识它吗？它叫什么名字？它是

干什么用的?

2. 那你们知道它还有什么作用吗?

它的作用可大了,我们制作玉米、女士戴的项链全靠它呢!(出示课件)那么梳子到底怎样使用呢?接下来请同学们认真学,认真练。

(二)讲授新课

1. 通过直观教学法,让学生了解梳子的运用方法(注:搓的条要均匀,才能滚出好看的玉米粒)。

首先,我们学习一下手握梳子的方法:手压梳子,不要太紧,轻轻上下滚动两下。

2. 下面请同学们拿梳子,感受一下吧!学生练习用梳子滚出玉米条。

压法一定要正确,特别强调梳子先要摆放端正。

旁边的同学,互相检查一下,看看对不对。

3. 出示玉米的结构,谈话引入,激发学生活动的兴趣。

观察玉米的结构:苞衣有长形的脉状纹理,剥开苞衣露出里面的颗粒,呈一行行排列,头部有须。

4. 教师演示、讲解玉米制作的方法:

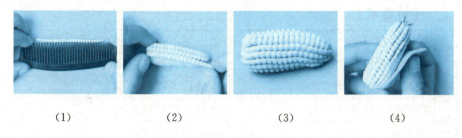

| (1) | (2) | (3) | (4) |

可以从局部入手，从穗开始，也可以从中间的玉米粒开始，也可以从玉米的梗开始。鼓励学生从最喜欢的部位开始捏，利用学生已有的经验进行延伸。

5. 教师演示玉米叶子制作的方法。

（三）学生实践，教师巡回辅导

活动的要求：

1. 部分之间循序渐进地捏，将它捏完整。

2. 注意疏密面的排列、组合，表现玉米的特征。

（四）汇报与展示

展示作品，交流感受。

五、教学评价

通过学习用梳子制作玉米的方法，学生的学习积极性大大提高，学生在不知不觉中提高了面塑的操作能力，充分给予学生鼓励与肯定让不同层次的学生都达到训练的目的。

评价要点：

我的感觉		我去发现	
	我捏得很开心		我发现了最漂亮的作品
	我很喜欢这节课		他作品最漂亮的原因：
	我想象得很有趣		他最让人感动的地方
	我捏的与别人不一样		他最有创意的地方
	我学会了：		他的学习态度
	我发现了：		他哪里捏得最失败
	我遇到的困难是：		我是怎样把糟糕的作品变为好作品的
	我希望老师：		我为同学出点子，希望你：

童心玩捏面塑　巧手融汇古今

4. 花儿朵朵——玫瑰花

一、教学目标

(一)知识与技能目标

1. 认识花与人们生活的密切关系，培养认识、探究、创造、展示"花"的美的能力。

2. 能综合运用各种媒材和多种表现手法进行"花"的平面或立体创作。

(二)过程与方法目标

通过学习制作花卉，掌握面塑的揉、搓、捏、压、粘等技法。

(三)情感态度与价值观目标

感知、体验"花"的自然美、艺术美，培养观察生活、热爱生活的情感与合作意识，激发学生大胆表达、展示的勇气。

二、教学重点、难点

(一)教学重点

引导学生感受花的美，分析花的结构，综合探索运用多种表现手法进行"花"的平面或立体创作。

(二)教学难点

探索运用各种面塑技法表现有创意的"美丽的花"。

三、课前准备

教师：各种花的图片，花的应用、装饰图片。

学生：收集花的图片和关于花的故事传说、知识等资料，剪刀，各种工具。

四、教学过程

(一)导入

1. 赏花

创造情境：播放歌曲《花仙子之歌》，师生跟随音乐翩翩起舞。（孩子们，让我们随花仙子一同去百花园看一看，出发吧。）

(1)提问：想一想你在百花园中将会看到哪些花儿？

(2)出示几种鲜花（百合、菊花、玫瑰），提问：仔细观察这些花都长了什么？（小结：花由花瓣、花蕊、叶、枝干组成。）

2. 探索求知

(1)仔细看看它们是怎么长的？再仔细看看花蕊长在哪儿？

(2)引导学生说一说：你们最喜欢的是什么花？为什么？

(二)讲授新课

教师引导学生分组讨论后汇报：你们欣赏的这些花美吗？美在哪里？（教师从花的形状、色彩、气息方面引导讨论）

师生共同小结出花的自然美——形状美、色彩美、气息美……

3. 摆花、捏花

看课件：分析花蕊、花瓣的形状

花蕊：先想好用什么形状做花蕊，有圆形、三角形……

花瓣：花瓣的形状有菱形、针形、圆形……

花瓣有的是一层，有的是两层……

花枝：有粗的、有细的、有的还带刺儿的……

花叶：有长有短，有大有小，还有叶脉。

4. 玫瑰花的制作方法

颜色各异，可以根据自己的喜好来选择。

（1）用黄色面团揉出小球和小圆片，一端捏成薄片，薄片卷起成花心。

（2）小圆片做花片裹住花心，两片花瓣之间外包一片花瓣。（注意不要包的过紧，要留有余地）。

（3）取少量绿色面团搓成长条，一段压扁成茎。

（4）制作叶子。（叶子沿边略推）

5. 欣赏学生作品

鼓励学生大胆捏制，勇于表现。

（四）评价总结

1. 学生作品展示与评价。采用学生互评与教师点评相结合。

2. 鼓励学生探究更新的艺术创作与表现方法。

五、教学评价

	我的感觉（学生自评）50%	我去发现（学生互评）30%	教师评价 20%
内容	1. 作品效果（自我感觉）。 2. 面塑活动参与的兴趣 3. 自己的长处与不足等。	1. 独立完成的作品。 ①作业效果（组内讨论每个人作品的优点） ②学习态度（认真或不认真及投入状态） 2. 小组合作作业。 ①参与度 ②创意 ③交流	1. 学习态度与兴趣。 2. 进步情况。 3. 作品效果。（知识技能掌握情况） 4. 尊重"学生自评"和"学生互评"的意见。
方法	自己口述或以文字表述。	组内互评、集体讨论、欣赏作品、进行点评。	在自评、互评的基础上总评。

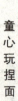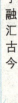

5. 荷花

一、教学目的

(一)知识与技能目标

1. 了解荷花的外形、结构、种类特征等，培养学生的综合观察能力。

2. 综合运用多种面塑表现手法进行荷花的立体创作。

(二)过程与方法目标

通过学习制作荷花，掌握面塑的团、按、剪、贴、扎、搓等技法。

(三)情感态度与价值观目标

引导学生感受荷花出淤泥而不染、挺拔向上的精神。培养学生认真、细心的工作态度。

二、教学重、难点

(一)教学重点

掌握团、按、剪、贴、扎、搓等面塑技法，顺利塑造荷花。

(二)教学难点

剪出荷花的层次。

三、教学用具

多媒体、图片、面塑材料、工具等。

四、教学过程

(一)情景导入

1. 我们生活在一个花的世界，生活因为有花而美丽，同学们最喜欢什么样的花呢？

2. 今天老师给大家带来了我最喜欢的花，大家猜猜是什么花呢？（课件展示荷花图片）

3. 这些荷花美不美？

今天，大家就和老师一同走进荷花的世界，去感受荷花的高洁和秀雅。

(二)讲授新课

1. 赏荷

（1）了解荷花的知识

荷花又称莲花、水芙蓉等，为多年水生植物。其根茎为藕，可食用，荷叶大而圆，翠绿如盖。夏日开花，夏秋交际时盛开。花主要有红、白二色，亭亭玉立，清香远溢，常被誉为"翠盖佳人"、"花中君子"。荷花的中心产地在中国，1973 年，在宁波余姚，距今 7000 年的河姆渡文化遗址中，就发掘出荷花的花粉化石。同年，河南郑州距今 5000 年仰韶文化遗址中又发掘出两粒碳化莲子。"江南可采莲，荷叶何田田"，这些都说明很早以前，从南到北，荷花已是处处可见。

荷花一身都是宝。

（2）欣赏与描述（基本形）

荷花的叶子像（　　），花瓣像（　　），花骨朵像（　　）。

学生互相讨论踊跃回答，了解荷花的特点。

2. 咏荷

边欣赏边讲解：

荷花自古受人青睐，不仅因为它的色、香、韵、姿俱佳。植

童心玩捏面塑　巧手融汇古今

茎于泥，滋养于水，"出淤泥而不染，濯清涟而不妖"；荷叶紧贴水面从不随波逐流；荷干"中通外直，不蔓不枝"；荷花娇艳但不失清纯，雍容大度却不哗众取宠，清香中透着谦逊，柔弱里带着刚直，古往今来很多文人墨客都留下了对荷花的赞美之言。（课件咏荷诗句）

3. 知荷

（1）荷花的结构

荷花的结构有哪些？（出示课件）

认识花蕊、莲蓬、叶脉、花刺。

（2）荷花的种类（出示课件）

欣赏红、粉红、蓝、紫等品种。

4. 捏荷

（1）欣赏大师的荷花作品

你能感受大师塑荷的情趣吗？出示挂图：几种不同面塑荷花的制作方法，我们今天学习其中的一种。

（2）讲解荷花的具体制作方法（教师演示）

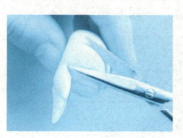

先剪出花瓣第一层，剪子倾斜成 45 度角，每剪一片，就把花瓣向后推一下。剪第二层花瓣，每片花瓣介于第一层两片花瓣中间，剪一圈，以此类推。

（3）你还有哪些地方不明白？同学们尝试剪一下。

（4）讲解荷花包色的制作方法

（5）荷叶的制作方法

（6）组合

今天，我们就以荷花精神自励，一起来塑造荷花。

（三）学生实践、教师辅导

课外拓展（其他花卉欣赏、自己尝试研究制作方法）

五、教学评价

评价方式	自评	互评	师评
构思			
步骤			
效果			

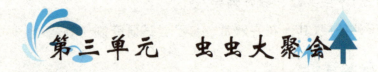

第三单元　虫虫大聚会

1. 可爱的小蚂蚁

一、教学目标

(一)知识与技能目标

1. 观察研究蚂蚁，了解蚂蚁的外形特征，培养学生的观察能力。

2. 认识常见的动物类型——昆虫，知道昆虫的共同特征。

(二)过程与方法目标

通过学习揉、搓、压、折、贴等技法，掌握捏制蚂蚁的步骤与技巧；着重学习水滴形蚂蚁头的塑造和腿的折法。

(三)情感、态度与价值观目标

以细心、小心的态度观察蚂蚁；珍爱生命，培养学生探究的兴趣和能力。

二、教学重点、难点

(一)教学重点

运用揉、搓、压、折、贴等技法，观察制作完成一只或多只可爱的小蚂蚁。

(二)教学难点

蚂蚁头和蚂蚁腿的塑造。

童心玩捏面塑　巧手融汇古今

三、教具准备

演示用具：磁性黑板、蚂蚁身体结构组合模型、蚂蚁生活习性挂图或投影片、罐头瓶。

分组用具：活蚂蚁、昆虫盒或放大镜、玻璃片、樟脑球。

课前准备：组织学生捉蚂蚁，指导学生把捉到的蚂蚁养在有潮湿土的瓶子里，喂馒头渣或糖。

四、教学过程

(一)导入

检查学生捉来的蚂蚁。

这一节课我们来认识动物王国里的"大力士"。

问题 1：为什么说蚂蚁是大力士呢？

师：等我们了解了蚂蚁后一起来讨论这个问题。

(二)讲授新课

1. 指导学生观察蚂蚁的身体外形。

同学们喜欢蚂蚁吗？大家看看你们桌子上昆虫盒里有什么？跟它们打声招呼吧！

师：谁能够告诉大家，蚂蚁有什么特征？

那么蚂蚁到底有什么特征呢？今天我们就来观察一下蚂蚁。

(1)提问：谁说一说蚂蚁长什么样子？它的身体是由几部分组成的？

(2)谈话：你们的回答对吗？要想说清楚蚂蚁长的什么样子，

身体由几部分组成，我们必须仔细看，也就是观察。为了让同学们看清楚，我们把蚂蚁放进老师准备的昆虫盒内（或用放大镜）。观察蚂蚁时，首先看一看蚂蚁的身体分成几部分，然后按照从前往后的顺序再观察蚂蚁的各部分是什么样的，长有什么，又是什么样的？

（3）学生分组（或个人）观察：（学生观察活动中，教师要分组巡视，了解学生认知情况，并不断提示观察目标和观察内容。）

（4）学生分组交流、讨论，蚂蚁身体分成几部分，各部分长有什么，是什么样的。怎样塑造？

（5）汇报观察讨论结果

（教师出示蚂蚁身体结构模型边讲解边板书）

头	胸	腹

（6）小结：蚂蚁有大的、有小的、有黑色的、有褐色的。它的身体可以分为头、胸、腹三个部分。头部长有一对触角和一对眼睛，胸部较细，长有三对足。腹部是卵形的，分节非常明显。

（7）那么除了蚂蚁，你还知道哪些小动物的身体也具备这样的特征？

（8）根据学生说的，教师点课件展示：

课件准备大量的动物图片：蚂蚁、蜜蜂、蝴蝶、瓢虫……

（9）师生共同总结昆虫的特征。

身体可以分为头、胸、腹三个部分，头部有一对触角，胸部有三对足。这样的小动物都属于昆虫。

2. 指导学生观察蚂蚁的生活

（1）谈话：捉蚂蚁时，同学们知道了一窝蚂蚁有很多很多只，许多蚂蚁在一起，它们是怎么生活的呢？看一看这张挂图吧。（出示挂图或投影片）。

（2）提问：洞内洞外的蚂蚁正在干什么？蚂蚁吃什么？蚂蚁怎样把吃的东西运回窝里去？

3. 怎样塑造一个有情境的内容

师：为什么说蚂蚁是动物中的大力士呢？（小组讨论）

要想更多地了解蚂蚁的生活平常应多观察。比如用玻璃瓶养几只蚂蚁，在里边放几种不同的食物，看一看蚂蚁最喜欢吃哪一种食物；捉几只不同窝的蚂蚁放在一起，看一看会发生什么现象；捉一只较大的虫子放在蚂蚁窝附近，观察蚂蚁怎样把活虫子杀死，又是怎样把比自己身体重得多的虫子搬运回窝里去。总之，要通过实际观察来了解蚂蚁的生活。（教给学生一些观察的方法）

4. 教师演示蚂蚁的制作方法。（重点讲解腿的折法）

范图：蚂蚁头、腿、以及环境的添加。

(三)学生实践、教师辅导

重点辅导:

1. 蚂蚁的身体结构(水滴形头的塑造)

2. 蚂蚁腿的折法

3. 蚂蚁生活环境的添加

(四)展示作品总结

今天我们学习认识了一种小昆虫——蚂蚁,下面我教大家一首关于蚂蚁的儿歌,看看你们捏的小蚂蚁特征对不对?

蚂蚁外形要记住,

身体分为头胸腹,

一对触角头上长,

三对小足在胸部。

五、教学评价

本课的知识技能对学生来说是简单的,但对所学内容的运用对学生来说却是一个难点。在教学时,要充分注意引导学生去运用所学的基础知识,而不是满足于掌握基础知识。中低年级的学生正处在一个喜欢模仿的时候,模仿老师、模仿同学,一幅作品,模仿并不是过错,但创新、自主无疑是更值得赞赏、提倡的。这就要求我们教师在教学中,强调学生按自己的兴趣捏,要有自信,我的就是好的,不要迷信老师的或同学的。教师在教学中,要注意学生不同于范作的地方,请他说说为什么这样捏,并及时给予表扬。

评价点:

1. 学生能否通过观察并描绘出蚂蚁的造型、色彩等特征。

2. 大家能否将自己的制作心得与大家共同分享。

3. 学生能否对蚂蚁的设计发表自己的观点。

4. 小组成员能否有效沟通,气氛和谐。

5. 小组合作展示能否体现合作意识。

2. 淘气的小瓢虫

一、教学目标

(一)知识与技能目标

1. 从正面观察瓢虫，能够说出它们的外形特征、身体结构等，培养学生的综合观察能力。

2. 学习和掌握制作瓢虫的基本步骤、方法和技巧等。

(二)过程与方法目标

1. 通过观察、分析、尝试、探究等活动，使学生意识到平面与立体的差别，并通过制作，提高学生运用几何形体概括物象的能力。

2. 在学生相互评价作品的过程中，培养学生正确的审美方法和评价方法。

(三)情感态度与价值观目标

培养学生观察自然、了解自然，养成爱护益虫的好习惯。

二、教学重点难点

(一)教学重点

引导学生对"瓢虫"形状——半球体的联想；了解瓢虫基本特征，学会制作正面的瓢虫。

(二)教学难点

能够抓住瓢虫的特点表现正面的瓢虫。

三、教具准备

演示用具：圆形、球体、半球体模型，磁性黑板、瓢虫身体

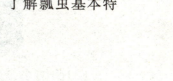

结构组合模型、瓢虫生活习性挂图或投影片。

四、教学过程

(一)导入新课

复习旧知识:教师出示圆形、半球体和球体模型,让学生说出形状。

教师小结:形是平面的,而体是立体的。

汇报、交流关于瓢虫的知识

1. 通过课前了解,指名汇报(可以利用多媒体设备——影视欣赏瓢虫)

2. 组内简单交流:

(课前让学生通过各种途径搜集有关瓢虫的知识,培养学生自主探究的能力。课内简单交流,使学生在较短的时间获得活动丰富的关于瓢虫的知识。)

(二)讲授新课

1. 认识瓢虫的身体结构、外形特征(简单回顾上节课昆虫知识)。

(1)出示瓢虫正面的图片,观察后说一说瓢虫长什么样?想一想瓢虫属于哪种形呢?(半球体)

(2)归纳小结(课件演示):

瓢虫身体结构包括头、身体、脚等几部分。

瓢虫身体各部分特征:

头上有触角一对和一对复眼。颜色较深。身体接近圆形,背上有一对半圆形的翅膀,翅膀上有圆点形的花纹。色彩鲜艳。飞行时翅膀展开露出身体。足有六对,较短。

(3)同学们学了很多基本形的做法,瓢虫的身体和翅膀(合着的翅膀、张开的翅膀)你认为可以怎样表现?

(4)学生大胆尝试用基本形表现瓢虫的身体和翅膀。

2. 欣赏瓢虫图片

(1)多媒体自动播放有情境的瓢虫图片,大家欣赏。

(2)交流新的发现和感受,说说自己喜欢哪只瓢虫,为什么?学生回答时教师点击放大学生所说图片。

(3)欣赏瓢虫的花纹特征

教师继续引导学生从花纹和色彩等方面欣赏瓢虫并加以小结:瓢虫的种类很多,形状有各种变化,花纹颜色更是丰富多彩。

3. 探究正面瓢虫的表现方法

(1)小组讨论:可以用什么手法制作一只正面的瓢虫?

(2)小组交流。教师结合课件演示小结:揉、压、按、贴、折……

(3)教师示范瓢虫的制作方法

  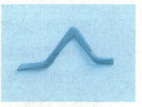

制作瓢虫身体的方法。如何使瓢虫的花衣裳非常漂亮?

用各种颜色做出各种形状的花纹,使瓢虫穿上漂亮的花衣裳。

其他方法简述。(小组讨论:张开翅膀的瓢虫表现方法)(瓢虫腿的处理方法细讲,教师演示)

情景添加:

情景一:让瓢虫爬进我们的花丛里

现在由于环境的破坏,在我们生活当中已很少看到从中爬来爬去的瓢虫了。所以,今天我们要让瓢虫爬进我们的小花园。(同

学们可以把自己制作的瓢虫放进校园的花丛中。)

情景二：让瓢虫爬到我们的日常用品上(表现在盘子上，扇子上)。

情景三：让瓢虫停在我们的身上(表现在服装上与发饰上)。

情景四：让瓢虫和我们一起娱乐(表现在风筝上)。

情景五：瓢虫和蔬菜、瓜果的组合。

4. 同龄人范作欣赏：

(1)欣赏瓢虫花衣裳展示会的作品，谈谈感受。

(2)互相交流哪些作品漂亮，说说理由。

(3)互相交流哪些作品比较特别。

(三)学生制作

1. 要求

(1)选择你喜欢的方法表现一只正面瓢虫(翅膀要求有变化)。

(2)瓢虫的花衣裳要新颖独特、漂亮美观 。

(3)以小组为单位进行展示，最后评出最佳参展小组。

2. 学生创作练习，教师巡视指导。

(四)展示评价

1. 展示作品。

2. 介绍作品的制作方法及过程。

3. 评一评自己喜欢的作品。

五、教学评价

以宽松的思维空间和实践空间，鼓励学生充分发挥个性，引导学生将创新观念转化为具体行动，探索各种瓢虫造型的方法，以达到培养学生小组合作能力、创新意识和创新能力的目的，提高学生知识的运用能力。

评价点：

1. 关注学生是否进入学习状态，积极主动的学习。

2. 随时了解学生是否掌握应知应会的知识。

3. 鼓励学生大胆、有个性地表现。

4. 帮助思维没有打开的同学调整思路与表现方式。

3. 瓢虫的花衣裳

一、教学目标

（一）知识与技能目标

1. 从侧面观察瓢虫，能够描绘出它们的外形特征等。

2. 掌握从侧面的角度来捏制瓢虫，掌握基本的步骤、方法和技巧。

（二）过程与方法目标

在学习活动中，让学生学习和掌握用几种方法从侧面来表现瓢虫。

（三）情感态度与价值观目标

培养学生的想象力和创造力，让学生养成爱护益虫、保护环境的习惯。

二、教学重点难点

（一）教学重点

引导学生对"瓢虫"形状——半球体的联想；了解瓢虫基本特征，学会制作侧面的瓢虫。

（二）教学难点

能够抓住瓢虫的特点，表现侧面瓢虫。

三、教具准备

演示用具：磁性黑板、瓢虫身体结构组合模型、瓢虫生活习性挂图或投影片。

四、教学过程

(一)导入新课

1. 讲述一个七星瓢虫的故事（录像），老师有一个瓢虫的故事，大家要认真听、认真看，并回答问题。

(1)瓢虫有什么特点？

师小结：富有光泽，有斑点，且左右对称，色彩也很丰富，有黄色、红色、黑色、灰褐色等。

(2)瓢虫由几部分组成？

(3)瓢虫有什么本领？

原来我们熟悉的七星瓢虫本领这么大，那同学们要不要爱护它们呀？

2. 师总结：瓢虫也像同学们喜欢穿上漂亮的衣裳。瓢虫也有自己美丽的花衣裳。

引出课题——瓢虫的花衣裳。

(二)讲授新课

1. 瓢虫的种类

瓢虫约有 5000 种，我国有 300 种左右，大部分是益虫。

农民伯伯喜欢叫它们"花大姐"，知道为什么吗？

2. 通过观看多媒体课件，帮助学生了解从侧面和正面观察瓢虫的不同形态。

瓢虫正面、侧面对比。

瓢虫正面主要有：

身体：呈半球状，翅膀为半圆形、上面还布满花点。飞行时，

翅膀展开为半圆；休息时，俩翅膀合成一个圆形。

头部：基本为半圆形，头上有一对触角。

脚：有三对。

瓢虫侧面主要有：

身体：呈半球状，翅膀为半圆形。

脚：表现三只就可以。

3. 教师演示侧面瓢虫的表现方法。

4. 如果作品想更完美，可以怎样制作呢？（从花外衣入手）

你们想瓢虫可以有哪些漂亮衣裳呢？

小组讨论：除了花纹，颜色对比也要强，指瓢虫背上与花纹的色彩对比。

你想怎么打扮瓢虫呢？

（三）学生制作，教师辅导

师建议可以个人创作，鼓励集体创作。

学生实践活动开始，教师巡视，并参与活动。

（四）展示成果

1. 捏制：说一说你们设计了多少种瓢虫的花衣裳？

2. 制作：都给瓢虫做了多少花衣裳。

3. 化妆：展示瓢虫的花衣裳，表演（童乐声起）。

（五）课题拓展

师小结：自然界中有许多动物、植物身上都有漂亮的图案。

只要同学们认真观察就能发现自然界存在许多美好的事物。

五、教学评价

	评价内容	学生自我评价	构建评价内容的主体
态度习惯	准备工作		
	课堂常规		
	投入程度		
知识能力	知识的理解		
	构思与创新		
	技能技巧运用		教师
	表现力（侧面瓢虫）		
兴趣爱好	对自己作品满意程度		
	本堂课的情感体验		
	最感兴趣的昆虫是什么？		
困惑	学习中的困惑		
你还想取得哪些成果？			学生

4. 漂亮的蝴蝶

一、教学目标

(一)知识与技能目标

1. 了解蝴蝶的外形、结构特征，能够欣赏蝴蝶的美。

2. 掌握基本的技巧、技法，用面塑的形式表现美丽的蝴蝶。

(二)过程与方法目标

运用剪、粘的方法，在欣赏、表现的过程中培养学生的观察能力和表现能力。

(三)情感态度与价值观目标

培养学生热爱大自然、热爱生活中的美好事物的情感。

二、教学重点、难点

(一)教学重点

通过引导学生欣赏、观察各种各样姿势的蝴蝶，感知蝴蝶的外形和色彩。感受蝴蝶的美，运用线条和色块，大胆添加翅膀细部花纹图案。

(二)教学难点

如何准确概括表现出蝴蝶的结构特征是本课的难点。

三、课前准备

教师用具：课件、蝴蝶教具、蝴蝶头饰。
学生用具：学生准备的蝴蝶资料、面塑工具。

四、教学过程

(一)创设情景,导出课题

1. 问学生连续几节课学了些什么?(昆虫)

2. 猜一猜

两根触角长又长,身穿一件花衣裳,百花丛中采花忙,好似漂亮小姑娘。(蝴蝶)

3. 大家真的很聪明,说的很好,今天我们就来学习《美丽的蝴蝶》,板书课题。

(二)讲授新课

1. 放录像播放一段画面(远处的山、树林、小溪,不时天空飞出几只漂亮的小鸟,进出草地、花朵,一条弯曲的小路伸向远方。)这时学生注意力高度集中,画面暂停,问:"这段风景美吗?"(美)"但老师觉得少点什么"然后继续播放录像,(镜头出现许多飞舞的蝴蝶,各式各样的蝴蝶在花丛中飞舞)停止播放。"再加上这样的蝴蝶是不是更美呀?"

2. 观察欣赏蝴蝶。蝴蝶非常美丽,人们把它说成是会飞的"花儿",现在老师带同学们欣赏一下"美丽的蝴蝶",并请大家思考:

A. 为什么把蝴蝶叫做"会飞"的"花儿"?什么原因使它这么美丽?(有美丽的花纹,有花儿一样的颜色)。

B. 蝴蝶种类繁多,形状各异,但它们外形有一个共同的特

点，这个共同的特点是什么？（左右对称）

3. 出示课件。

自学提示：

(1)你们知道蝴蝶是什么变成的吗？

教师播放表现蝴蝶的生长变化过程的画片：卵——幼虫——蛹——成虫。

(2)你觉得蝴蝶美在哪？（翅膀）

谁能把蝴蝶的美丽说的再详细些？

(3)现在我们来分组讨论一下，把你了解的知识在小组内交流一下。

4. 现在我们仔细观察蝴蝶的形状。

出示蝴蝶标本和照片（用实物投影仪）认识蝴蝶"谁能说出蝴蝶每个部分的名称？"（头、身体、翅膀、触角）强调翅膀有两对，都长在胸上，花纹对称。

5. 教师引导欣赏生说。

外形美——可以概况成三角形、圆形等。

色彩美——有红有紫、色彩各异、五彩斑斓。

花纹美——有点有线、有曲有直、变化多端。

姿态美——正面、侧面。

6. 示范制作方法。

(1)构思：想一想，我想捏一只什么样的蝴蝶？翅膀的形状是什么样的？颜色的搭配是什么样的？（在心中有一个大体的轮廓）

(2)制作过程：

介绍两种不同的翅膀剪法

A 一种剪法为：选择两块面重叠起来，先剪一对大翅膀，然后再剪一对小翅膀，这样剪出的翅膀左右相等。（即左右对称）

B 另一种剪法为：按对称原理，把面轻轻对折，在折边上剪两只相连的翅膀，然后一刀剪下完成。

C 出示侧面飞行的蝴蝶，引导学生认识不同飞行姿态的蝴蝶的剪法。(这种剪法不受对称原理所限制,可自由剪贴。

D粘贴翅膀:选择素色底板,(注意色彩搭配)捏出身子、头、触角贴在衬纸上,以对称原理贴上两对翅膀。(板书:粘贴翅膀)

E添贴花纹:左右相同的花纹两个(大小和颜色),贴在翅膀上,花纹要对称,注意色彩搭配。(板书:添贴花纹)

这样,一只美丽的蝴蝶就做好了。

(三)创作表现,大胆绘制

1. 作业要求:我国云南省的大理有一个蝴蝶泉,每年春夏之交时,会有很多很多的蝴蝶在泉边飞舞,让人眼花缭乱,人们叫这种现象为蝴蝶会。(出示图片,展示美丽的蝴蝶会)下面我们要用我们刚学到的办法制作美丽的蝴蝶,贴到黑板上来,咱们也来个蝴蝶会,比比看哪位同学剪得又快又好,又漂亮。优胜者老师奖给他这几张漂亮的纸蝴蝶。(出示教师做的奖品,激发学生兴趣)。

2. 下面我们先来看一下同龄学生的作品,他们是怎样表现蝴蝶的?播放学生作品。

3. 学生发表见解,教师小结。

(1)捏出外形
(2)贴翅膀和尾
(3)再贴上其他部位和花纹
他们是采取怎样的方法来制作蝴蝶?

(四)展示评价

1.教师组织"小小蝴蝶展",鼓励学生将自己的作品上台展示。学生分组相互欣赏、交流,比一比哪只蝴蝶最美丽。教师及时对学生的艺术作品给予表扬和鼓励。

2.把优秀的作品粘到背景图上(黑板展示区)。

(五)课外延伸

这节课同学表现的真不错,用自己的巧手做出这么美的蝴蝶,做了一名小设计师。欣赏蝴蝶在生活的应用。

五、教学评价

评价内容	自评	师评
知识的理解		
构思与创新		
技能技巧运用		
表现力		

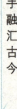

5. 虫虫大聚会

一、教学目标

(一) 知识与技能目标

认识昆虫的特征，认识大自然中的昆虫，并了解其外形、结构特征等。

(二) 过程与方法目标

能用揉、搓、折、剪、拼贴等多种技法综合利用对昆虫进行创意制作。

(三) 情感态度与价值观目标

通过本课的学习培养学生热爱大自然的情怀。

二、教学重、难点

(一) 教学重点

能掌握基本的揉、搓、折、剪、拼贴等方法制作昆虫。

(二) 教学难点

各种昆虫形象的创意设计。

三、教学准备

教师：相关课件；范作等。
学生：彩色纸、彩色笔、剪刀、胶水等。

四、教学过程

(一) 导入

1. 欣赏影片《虫虫危机》

老师知道同学们爱看动画片,今天特意给你们带来一个小片段,请大家欣赏。

(1)影片中的生物属于哪一类?

(2)你能说出名称的有哪些?它们有什么特点?

2. 昆虫有什么共有的特征?(课件出示昆虫结构分解图)

师总结:昆虫的基本特征概括:体躯三段头、胸、腹,两对翅膀六只足、一对触角头上生,骨骼包在体外部,一生形态多变化,遍布全球旺家族。昆虫形态各异,花纹、色彩丰富多样。

3. 认识各种昆虫(课件展示图片)

昆虫家族队伍庞大,全世界有1000万种,其中900万种还未被人类所认知,你能根据图片中昆虫的形状、颜色或花纹等特点给它们分类吗?

师总结:昆虫按生活环境可分为天上飞的、地上爬的、生活在水里的。

思考:它们分别有什么特点,身体各部位关系怎样?

(学生讨论)

师举例:

竹节虫:为了保护自己,使自己的身体形状和色彩长得和周围环境很像,生活在枝干、树枝等地方。

独角仙:头上有犄角(雄虫),身体强壮,能拉动比它身体重20倍的东西。爱摔跤,是为了抢地盘或食物。

蟋蟀:蟋蟀亦称"促织""蛐蛐儿"。触角比体躯长。最普通的为中华蟋蟀,体长约20毫米。

童心玩捏面塑　巧手融汇古今

蜻蜓：是常见于全世界各地的淡水生境附近，并出现在国画、油画、散文、电影、医药和动漫等领域，为我们熟知的昆虫。

4. 揭示课题

我们要动手制作这些可爱的小不点，来个《虫虫大聚会》。

(二)讲授新课

1. 观察思考

出示昆虫范作（以瓢虫为例）。

思考回忆：这只昆虫哪一部位的制作比较特别？

2. 探究做法

思考：

(1)昆虫较特别的部位怎么折（学生思考后演示）？

(2)还有其他的折法或制作方法吗？

(3)除了这一个部位之外，哪些部位也可以用类似的方法制作？

(4)还有除折等以外的方法辅助完善昆虫的制作吗？

如：身体与四肢的连接用插接等方法。

3. 欣赏评论

(1)看看同学们的作品（课件播放学生作品）。

(2)从这些作品中你学到了什么方法？（学生发表见解）

(3)你能在他们的基础上进行改造创新吗？

(三)制作

1. 作业要求

(1)根据昆虫的形状、色彩及花纹特点，合理的设计制作各种昆虫。

(2)方法新颖，制作精美细致。

(3)可单独制作，也可选择合作完成。

2. 出示参考图片

为了同学们能制作出漂亮可爱的各种昆虫，老师准备了一些简洁概括的昆虫图片给大家参考，供大家借鉴使用。

3. 学生自由提问老师，制作细节出现问题的解决办法。

4. 学生制作，教师巡视辅导协助（播放音乐）

（四）小结

1. 展示学生作品。

2. 说说你的创意所在，教一教大家你的制作方法。

3. 评选"虫虫王"。

（五）延伸

1. 可爱的虫虫形象可以运用于生活中。（课件展示图片：昆虫闹钟、昆虫枕头、装饰笔杆……）

2. 可恶的昆虫也有它有利的一面：科学家根据苍蝇嗅觉灵敏的原理，发明了"电子鼻"与"气体分析仪"等。

3. 查阅课外资料，对昆虫有更多的了解。

考一考：（1）毛毛虫没有翅膀，分不清胸、腹，为什么也是昆虫呢？

（2）蜘蛛、蜈蚣不是昆虫，它们属于什么生物呢？

五、教学评价

昆虫是学生们在大自然最常见的生物。学生对昆虫的种类、形态也都较为熟悉。对学生来说熟悉的事物相对容易掌握其特点和表现其形象。

教学时首先展示一些形态各异的昆虫实例，让学生欣赏与评述，感受认知，培养学生的鉴赏能力、空间思维能力和创新思维能力。在教学手段上，让学生在欣赏、观察、探究、制作中了解与我们共同生活在地球上的小小虫类，使他们对周围的生态环境有一定的认知，并且从中感受到大自然的美及给予的乐趣。学生毕竟是小孩，在理解能力上有点欠缺，所以就要好好引导，多多讲解，尽量讲得细致。学习面塑应该是快乐的，在快乐中体会成功的喜悦，收获知识。生活处处是美丽，美丽是快乐的，所以我们要创造美丽。面塑就有这个功能，懂得欣赏美的孩子也会创造美丽。

评价点：

学生自评：

兴趣爱好	对自己作品满意程度	
	本堂课的情感体验	
	最感兴趣的昆虫是什么？	
你还想取得哪些成果？		我想对老师说的话。	

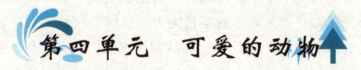

第四单元　可爱的动物

 1. 金鱼

一、教学目标

(一)知识与技能目标

1. 通过本课的学习，了解金鱼的结构、外形特征等，掌握观察的技巧和方法。

2. 学习保龄球形的制作方法，掌握制作金鱼的基本步骤、方法和技巧等。

3. 培养学生表现事物之间的联系的能力和组织能力。

(二)过程与方法目标

初步学会戳鳞方法，并融合其他技法来表现金鱼。

(三)情感态度与价值观目标

培养学生热爱生活的情感。

二、教学重点、难点

(一)教学重点

学习保龄球形的制作方法；掌握金鱼的戳鳞、压鳞技法。

(二)教学难点

各种技法的融合使用和金鱼的动态表现。

三、课前准备

教师：金鱼的图片、录像资料以及各种金鱼面塑作品、课件。

学生：收集的金鱼的图片和文字资料、常用的面塑工具材料。

四、教学过程

(一)导入新课

1. 观察

同学们观察一下桌上鱼缸里放的金鱼，可以说我们每个人都很喜欢金鱼吧。

为什么喜欢金鱼?

(金鱼色彩鲜艳、体态轻盈、习性优美、格调高雅，能给人以美的享受……)

2. 金鱼的历史

金鱼之所以如此美，是人类长期培养的结果。

中国是最早培育金鱼的国家，"鱼"与"余"谐音，代表吉祥美好的祝愿。早在南宋时，就有人发现金黄色的鲫鱼，觉得它们不同一般，便加以培养，到了明代盆养金鱼已盛行，明弘治年间金鱼流传到日本，清嘉庆年间传入英国。1974年中美建交，金鱼传到美国。金鱼以它独特的美获得世界各地人民的赞美，也可以说，金鱼是美的使者。

这么美的金鱼，我们同学想不想用面塑的形式将它表现出来?

今天我们就和同学们一起来学习金鱼的表现方法。

(二)讲授新课

1. 要想捏好金鱼必须先了解金鱼的结构、特征及各部分的名称、比例等。

(1)结构:(出示结构图和面塑金鱼实物)。

(2)特征。

腹大、尾大、眼大(水泡眼的眼更大)。

尾柄处细(便于活动,增加美感)。

(3)比例。

一般情况下,金鱼的尾鳍长度与身体的长度相等,有的尾鳍比身长、有的尾鳍比身短,但金鱼的品种不同,其比例也各有差别,具体比例取决于所观察到的金鱼。

(4)金鱼基本形。

椭圆形——保龄球形(教师演示保龄球的制作方法)。

(5)动态。

金鱼体态轻盈美丽,特别是要表现在水中游动时尾鳍的姿态必须多观察、多制作,才能将金鱼捏得生动、活泼。

动作特征:鱼尾曲线运动变化大,尾部在水中成绸带或彩旗式的漂浮状,缓慢柔软。

2. 金鱼的捏制方法。

(1) 金鱼的品种。

金鱼的品种很多,同学们可根据鱼缸中的金鱼或者在日常生活中所见,说说有什么品种。

(出示范画,简明扼要地介绍不同品种的金鱼的特征。)

墨龙眼(周身墨而发亮);

水泡眼(两只大眼游动起来一晃一晃的,极富运动感);

五彩丹凤(身上色彩斑斓)……

童心玩捏面塑 巧手融汇古今

（2）金鱼的具体做法（教师演示）。

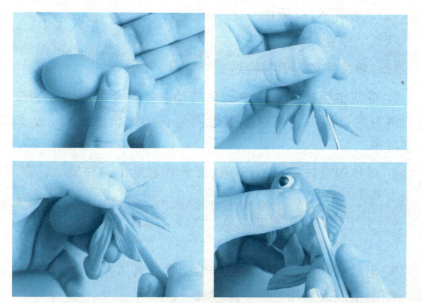

红色面团揉成椭圆形（保龄球形）（腹部揉的圆一些），尾部用剪刀剪开，分开压扁，用压纹刀装饰。（尾部也可做成多个水滴形，按扁压纹）

用滚子戳出眼窝，用 U 形戳刀或吸管戳出鱼鳞。

制作眼睛。

制作背鳍和胸鳍。

3. 金鱼的表现方法。

（1）不同品种的金鱼，表现的方法也不相同，最应注重的是动态的表现。我们来看一看画家对金鱼动态的表现。不同的画家对金鱼的感受不同，表现的方法也不同。

（出示课件——欣赏）

近代画家虚谷所画的金鱼别具一格。（出示虚谷的金鱼图）；现代画家吴作人所画的金鱼又是一种风格。（出示吴作人的金鱼图）

那面塑金鱼应如何展现动态呢？

（2）讲解面塑金鱼动态的表现手法。

（3）不同品种的金鱼在表现方法与用色上也有不同。

简单介绍

(4)欣赏体验。(课件)

欣赏学生金鱼面塑作品。

(三)学生实践，引导构思

1. 请同学们按照鱼缸中金鱼的动态，结合老师刚才的演示，自己练习捏金鱼，在捏时要考虑到金鱼的结构、比例、动态等，力求捏准。

2. 金鱼捏好后，要添加一些配景并渲染出一种气氛。常用的配景有两大类：

(1)水中植物：可捏些水草、浮萍、睡莲等水中植物。

(2)地面植物：可采用竹叶、芭蕉叶、花卉折枝等为配景。

3. 出示范作，并当场示范常见配景的具体捏法。

4. 学生继续制作，教师巡视辅导。

5. 讲评作品。

(四)小结

其实我们要捏好金鱼也不难，只要掌握了方法，了解了金鱼的结构，多观察、多进行练习就能捏得很好，同时在掌握一种捏法的基础上再了解其他捏法，或者自己进行新的捏法的创新。

五、教学评价

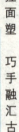

童心玩捏面塑 巧手融汇古今

姓名					班级				学号		
项目	自我评价50％					同学评价30％				教师评价20％	
内容	学习兴趣	投入状态	有否创意	积极交流	作业效果	学习态度	合作参与	创新建议	作业效果	进步情况	学习态度	作业效果
方法	学生自己填写					讨论、组长填写				教师填写		

2. 海豚

一、教学目标

(一)知识与技能目标

1. 通过观赏海底世界和海豚的图片资料，让学生了解海豚的外形特征等，培养学生观察能力和动手动脑能力。

2. 掌握制作海豚的基本步骤、方法和技巧。

(二)过程与方法目标

1. 学习面塑基本形保龄球的制作方法，用揉、搓、捏、剪、粘、镶等技法来表现快乐的海豚。

2. 合作制作过程中掌握合作的技巧和方法，培养合作能力。

(三)情感态度与价值观目标

1. 通过了解海豚，激发学生热爱和保护动物的情感，以及对面塑艺术的兴趣。

2. 制作过程中，通过添加环境，培养孩子的想象力和创造力。

二、教学重点、难点

(一)教学重点

学习面塑基本形保龄球的制作方法，用揉、搓、捏、剪、粘、镶等技法制作海豚。

(二)教学难点

能让学生用自己喜欢的方式来表现快乐的海豚。

三、课前准备

教师：课件、实物、面塑工具。

四、教学过程

(一)创设情景，导入新课

1. 谈话：同学们，你们知道吗？我们生活的地球有五分之三都是蓝色的海洋，在广阔无垠的海洋里，生活着各种五彩斑斓、形状各异的鱼。

2. 欣赏课件《多彩的海底世界》

同学们，老师知道你们都很喜欢小动物，今天有一个海洋里的小动物也想与你们交朋友，它今天要来我们班级做客，你们知道它是谁吗？老师先不告诉你们，而是让同学们猜一个谜语。

谜语：有眼没有眉，摇头又摇尾，浑身滑又亮，海里去又来。

3. 指导学生在猜谜语、欣赏、联想的过程中加深对海豚特征的认识和记忆：海豚外形的特征，鱼身花纹及色彩特征。

4. 播映录像，欣赏分析海豚，通过活动，巧妙地点出海豚的美感特征(板书：外形美、色彩美)。

5. 展示《海豚救人》课件。

6. 海豚是人类的朋友，你还知道关于海豚的故事吗？

7. 出示海豚游泳嬉戏的图片，学习海豚律动，为捏出海豚的动态作准备。

(二)讲授新课

1. 引导学生观察海豚的形状和颜色。

2. (播放影片)请同学们注意观察海豚的形状、颜色。

重点在于认识海豚的形象，观察海豚的头、身、尾的基本形和大小比例。

3. 学生尝试制作海豚的身体。

4. 教师演示海豚保龄球形身体的制作技巧。

5. 回忆技法。

(1)身子——揉、捏、拉长

(2)贴白肚皮

(3)嘴——搓、捏

(4)尾巴——剪、搓、捏

6. 分析学生海豚作品及其他的学生作业，以增加学生的信心。

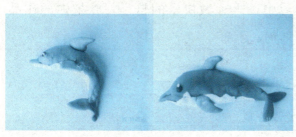 

让学生到前边演示海豚保龄球形身体……

7. 你认为海豚的哪个部位最难做？

8. 教师讲解演示海豚嘴的做法。

9. 海豚动态的表现方法。

（三）学生设计制作

1. 在制作过程要灵活的运用技法。

2. 小组讨论：捏的海豚在干什么，想动作、添加什么环境？

教师：出示课件——海豚面塑图样

看谁制作得又快又好。（注意海豚的动态）

（四）学生实践

学生合作制作，教师巡回辅导。

辅导重点：

（1）海豚的动态与结构。

（2）海豚与环境的关系。

（五）小结

同学们在海豚的制作中，知道了海豚是人类的朋友，知道了要保护自然，你们在制作过程中是快乐的，希望同学们将这快乐的心情投入到今后的学习中，永远做快乐的自己，并把你的作品送给他人，为他人带去祝福。

五、教学评价

姓名：	日期：		课程：	指导教师：
评价方式 评价内容	自评	互评	教师评价	学生面塑创作方面的专长：
构思与创新				
内容				
作品效果				

3. 小老鼠

一、教学目标

(一)知识与技能目标

了解小老鼠的外形特征等；掌握制作小老鼠的基本步骤、方法和技巧等。

(二)过程与方法目标

1. 学习水滴形的制作方法，了解小老鼠的结构与造型，塑造出可爱的小老鼠。

2. 通过表演的形式，帮助学生体会老鼠的身体特征等。

(三)情感态度与价值观目标

了解属相鼠的排位，引导孩子关注并热爱祖国的生肖文化。

二、教学重点、难点

(一)教学重点

学习水滴形的制作方法。

(二)教学难点

创作出形态各异的老鼠。

三、课前准备

教师：老鼠的图片、录像资料以及各种面塑作品、课件。

学生：收集的小老鼠的图片和文字资料、常用的面塑工具材料。

四、教学过程

(一)组织教学

师生问好。

调整情绪，引导孩子以积极饱满的情绪投入面塑艺术的学习。

(二)谜语导入

师：展示谜面：说它多，可真多，全国每人有一个；说它少，它真少，全国只有十二个。（十二生肖）

师：你知道十二生肖的排列顺序吗？（鼠、牛、虎、兔、龙、蛇、马、羊、猴、鸡、狗、猪）

(三)讲授新课

1. 故事引出课题

师：今天，我们就来认识十二生肖中排位第一的——小老鼠。（出示课题：小老鼠，上灯台）

师：老师来讲个故事，小朋友一起来听听小老鼠在干什么？

一天夜里，小老鼠肚子饿得"咕咕"叫，它从鼠洞钻出来，东找找，西找找，哪有好吃的食物啊？咦，那边有个灯台，小老鼠悄悄地爬上灯台，"吧唧吧唧"吃起来……突然，一只大猫来了，吓得小老鼠"叽里咕噜"从灯台上滚下来。

2. 学生表演

启发孩子用肢体动作演一演：把一只手举高，表示灯台；另一只手则表示小老鼠爬上灯台的动作）。

部分孩子带上头饰演一演《小老鼠，上灯台》的故事。（鼓励孩子大胆表演）

3. 引导学生观察"鼠"，注意形体特点和形态特征。

4. 提问：面塑的老鼠和现实中的鼠一模一样吗？你认为面塑"鼠"在制作时应注意什么？

师小结：（概括、夸张、充满情趣）

5. 走向生活

师：小老鼠可爱的形象一直被人们和很多漫画大师所喜爱，它聪明机灵，给人们留下了很多欢乐的片段和笑声。你能说说在我们周围有哪些可爱的小老鼠形象吗？

6. 展示面塑老鼠课件：引导学生分析

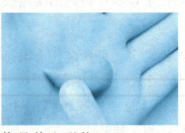

（1）小老鼠的头像是什么形状？

（2）教师讲解水滴形的制作方法。

7. 教师直观演示"鼠"的制作方法，学生自行总结方法。（视频直观展示）

教师总结：揉、搓、压、扎、粘。

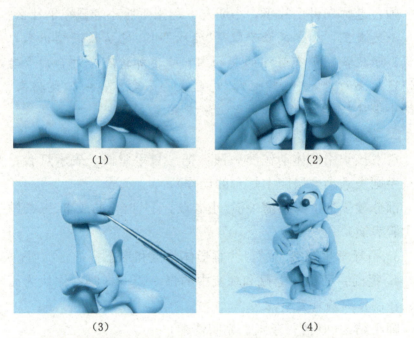

（1）　　　　　　　　　　　（2）

（3）　　　　　　　　　　　（4）

8. 特别介绍制作鼠头的技巧和不常见但实用的方法。

9. 简单介绍灯台、元宝、布口袋的制作方法（提示可以配上其他相应的环境）。

（四）学生自主创作

辅导重点：

1. 个性发挥，择优选用，协同创作。

2. 每人都可以设计方案，两人一组交流，选择可行的、较好的方案共同创作。

3. 创作中提醒强调：概括、夸张。

4. 及时辅导学生创作过程中出现的问题。

（五）评价、鼓励，总结

学生做好一个面塑鼠，当即表扬。指导学生相互欣赏其作品，尝试分析、评价自己或他人作品，促进审美能力提高。

课堂小结：要求学生课余仔细观察和体会小动物的特征。想一想，通过今天的学习，你能做出同一种小动物的不同造型吗？

五、教学评价

作业要求类别	具体要求	评价指标	成绩	综合评价
具体化	捏出小老鼠	是否捏出小老鼠的基本特征；能否捏出形态各异的小老鼠。	优秀、良好	
可选部分	可用自己喜爱的工具和材料进行个性化表现，技法上有特点。	1. 是否选择自己喜欢的工具或材料； 2. 作业品是否具有个性； 3. 小老鼠的造型是否具有自己独特的想象表现，是否有变化。	优秀、良好	
作业态度	作业认真	作品富有美感	优秀、良好	

4. 兽中之王——虎

一、教学目标

(一)知识与技能目标

1. 了解虎的外形、动作特征等，训练学生的观察能力。

2. 搓花条的训练，灵活运用团身、贴脸、压嘴、接身体、装四肢等方法塑造老虎。

(二)过程与方法目标

1. 学习、观察与抓取形状基本特征的方法，训练观察能力与造型能力。

2. 对比现实生活与艺术作品中的"虎"，使学生逐步了解面塑中的概括、夸张、变形手法。

(三)情感、态度与价值观目标

通过虎的学习，知道虎是我国的珍稀动物，懂得善待动物，保护动物。

二、教学重点、难点

(一)教学重点

进一步学习搓花条；突出所捏兽中王形状的基本特征。

(二)教学难点

进一步理解基本形在动物形状特征中的作用，并能在塑造作品时熟练运用。

三、课前准备

教师：虎的图片、录像资料以及各种面塑作品、课件。

学生：收集的虎的图片和文字资料、常用的面塑工具材料。

四、教学过程

（一）谜语导入，深入主题

1. 同学们，上节课我们学习了十二生肖中的鼠，现在生肖中另一个动物朋友呀，也想和你们见见面，它是谁呢？老师出个谜语给大家猜猜。

课件展示——谜语：一身穿皮袄黄又黄，呼啸一声万兽慌。虽然没率兵和将，却称山中一大王。

2. 哦，原来是百兽之王老虎呀，同学们真聪明。那在你们记忆中，老虎是长什么样的？瞧，它来了，让我们仔细地看一看吧。

课件展示——虎

3. 同学们，老虎的模样你们看清楚了吗？谁来说一说？

4. 分析老虎外形：

老虎长着圆圆的脑袋，耳朵短而圆，宽嘴巴大眼睛，前额处有许多道黑色的横纹，像个"王"字，身体狭长，尾巴长，四肢强大有力，黄色的身体上还有黑色的斑纹……

（二）讲授新课

分析对比老虎与面塑老虎（包括面贴老虎与立体老虎）

课件展示——虎与面塑虎

颜色上分析（三种颜色，可进行简单的夸张）

形象上分析（鼻子三角形、眼睛圆圆的、耳朵短而圆、嘴巴大大的、上下各两颗大的犬牙……

技法上分析

(1)老虎身上漂亮的花纹能用面塑中哪种技法表现出来？（搓

花条需要注意的是什么？复习两种搓的方法。）

（2）示范搓花条的方法怎样能在老虎身上更好地运用。（身体是不规则的花条，尾巴则是规则的花条）

（老虎的这身花衣服有什么用处呀？）（保护自己不让其他动物发现、起到伪装的作用）

（通过学一学、找一找等艺术活动，调动了学生的学习兴趣。）

（3）观察面塑的老虎，还有哪些地方用了搓的方法？你还看出别的方法了吗？

这节课我们学习一种新的技法——压。

（4）教师演示：老虎嘴的制作方法。

（5）关于面塑老虎，你还有不明白的地方吗？（答疑）

（三）实践创作

1. 现在就请大家选择自己喜爱的表现形式完成一件虎的作品。

（A. 老虎的头　B. 完整的老虎造型）

（注意要突出老虎主要的特征，先后粘的顺序。在制作中，为追求它的生动、活泼、可爱，也可进行艺术上必要的概括、取舍）

2. 强调突出老虎的特点，抓住基本形，在塑造作品时不要过分追求像与不像。

3. 作业要求：

(1)造型设计要有创意。

(2)注意色彩的搭配。

(3)各种方法的灵活运用。

4. 可自己做也可二人合作。

(四)教师巡回辅导

评价：自述——互评——点评

(五)欣赏

老师还收集了一些关于老虎的图片，接下来就让我们一起来欣赏欣赏。

师：看了这些作品，你有什么感受？

课件展示：玩具虎，剪纸虎……

（这些作品色彩都很艳丽，尽管用了不同的表现形式，但都抓住了老虎的特征。在创作中，可以夸张、美化、变形，但必须越变越美，不能变丑。使你塑造出的老虎更威风，更漂亮，更可爱。）

(六)小结

近年来，虎的生存环境受到人类的严重破坏，老虎数量大幅度减少，成为将要灭绝的珍稀动物。我们能为老虎朋友做些什么吗？)（不砍伐树木，不捕杀动物，植树绿化，为老虎建造一个美好的家园……）

关于虎的知识还有很多很多，同学们可以在课后去阅读一些相关的课外书，了解更多关于虎的知识，好吗？

五、教学评价

混搓花条技法练习在小学面塑课中是一个重要内容，只有熟

练掌握技法后，学生才能熟练的做作品。教学过程中，让每个学生都能参与探究，尊重学生的自我意识，调动学生学习面塑的积极性，提高学生面塑操作的能力。

评价点：

奖项类别	评价标准	学生自评	互　评	师　评
创新奖	在学习活动中有自己的想法，表现大胆，有创新能力。			
佳作奖	作品保质保量，构思给人以美的享受，学习兴趣浓厚。			
守纪奖	自我调控能力强，遵守纪律，能做好同学们的榜样。			

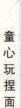

童心玩捏面塑 巧手融汇古今

5. 可爱的兔子

一、教学目标

(一)知识与技能目标

1. 了解兔的外形、特征、生活习性等相关知识。
2. 学习面塑三叶草做兔子的技法和团球、做五官。

(二)过程与方法目标

大胆运用各种技法和表现方式塑造兔，发展学生的形象思维，培养学生的想象力和创造能力。

(三)情感态度与价值观目标

培养学生热爱小动物的美好思想感情。

二、教学重点、难点

(一)教学重点

学习三叶草、团球做五官技法，激发学生的想象，表现形态各异的兔。

(二)难点

自己组织画面，表达自己独特的创意。

三、课前准备

教师：各种兔的图片、示范作品、课件、色纸、剪刀、胶水等工具材料。

学生：兔的图片、颜料、色纸、剪刀、胶水等工具材料。

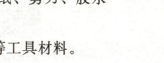

四、教学过程

(一)辨影揭题

1. 课件播放各种动物的剪影，让学生大胆猜，激发学生参与学习的兴趣。

2. 欣赏兔子剪影，当学生猜出兔子时，教师随即揭题。

(二)回忆交流

1. 回忆：你在哪些地方见到过兔子？听到过哪些有关兔子的故事？给你印象最深的兔子是什么样的兔子？

2. 学生分小组交流后，选派代表汇报。

(三)讨论分析

分小组讨论以下问题并汇报：

1. 兔子主要由哪几部分组成？分别体现了什么样的基本形？

童心玩捏面塑　巧手融汇古今

主要用什么技法来制作?(课件播放兔子的头部、躯干、四肢、尾巴等。)

2. 兔子的头部由哪几部分组成?各有什么作用和特点?(课件随机播放兔头的特写镜头)又分别用什么技法表现呢?

3. 教师示范兔子头的做法

4. 你见到过的兔子的毛色是怎样的呢?(课件播放兔子的毛色图片。)

5. 兔子的坐、卧、行、走等动作有什么变化规律?(课件播放相关画面。)

(四)欣赏感悟

1. 播放《龟兔赛跑》等有趣的动画片片段或图片,体会兔子的各种不同动态造型和夸张造型,进一步激起学生的表现欲望。

2. 展示教师制作的兔的作品,欣赏体会生动的瞬间兔子的神态。

3. 展示优秀学生作品，激活学生思维，鼓励创造性的表现。

(五)练习体验

1. 作业要求：选择自己喜欢的材料，创造性地表现兔子。

2. 教师巡视辅导：从构图饱满、主题突出、情节生动、色彩鲜艳等方面予以指导。

(六)交流评价

1. 给自己的作品编一个小故事，在小组内进行交流。小组内评出优秀作品，予以全班展示。

2. 课后鼓励学生模仿《龟兔赛跑》自编连环画小故事。

五、教学评价

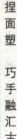

　　动物是人类的好朋友，小朋友们平时都十分喜欢动物。形象生动、活泼可爱的小兔子，更是许多小朋友乐于表现的对象。学习表现兔子的各种生活习性、可爱的姿态、警惕勇敢的神情等，学生的积极性是很高的，这可以增强他们的动手能力，促进其智力的发展。教学中展示表现兔子的各种活灵活现的学生作品，有的大胆运用各种涂色方法，有的巧妙利用有色纸，有的表现白天或晚上的兔子的神情……这些作品打开了学生的思路，为学生多元化、个性化的表现提供帮助，使学生在充分欣赏感知的基础上，展开想象的翅膀，激起强烈的创作欲望。

　　在学生捏兔子时，教师适时提醒学生充分发挥想象力和创造力，力求使作品富于创新、富有艺术性，这样学生的作品就会更有新意，更有创造性，同时也可以陶冶学生的审美情趣。

　　在作品品评的过程中，首先让学生自己说出作品的创意，自己评价，然后由学生交流评价，教师则适度表扬、鼓励，让学生获得成功的喜悦，充分激发学生的学习兴趣和探索欲望，并且为以后的再学习提供"营养"，注入"血液"，让他们以"爱学"、"乐学"的态度投入到学习中去，从而不断培养自己获取信息的能力。

评价要点：

我的感觉	我捏得很开心	**我去发现**	我发现了最漂亮的作品
	我很喜欢这节课		他作品最漂亮的原因：
	我想象得很有趣		他最让人感动的地方
	我捏的与别人不一样		他最有创意的地方
	我学会了：		他的学习态度
	我发现了：		他哪里捏得最失败
	我遇到的困难是：		我是怎样把糟糕的作品变为好作品的
	我希望老师：		我为同学出点子，希望你：

第二篇 备课资源

6. 机灵的猴子

一、教学目标

(一)知识与技能目标

1. 了解猴子的外形、结构特征等，训练学生的综合观察能力。

2. 掌握用面塑的技法表现猴子。

(二)过程与方法目标

1. 学习并掌握水滴形、桃心形的捏制方法。

2. 培养学生表现事物之间联系的能力和组织能力、合作能力。

3. 通过为面塑猴子添加情境来训练和培养学生的想象和创造能力。

(三)情感态度与价值观目标

培养学生热爱生活的情感。

二、教学重点、难点

(一)教学重点

1. 了解猴子的结构特征及面塑表现的方法。

2. 运用所学知识和技法将不同动态的猴子组成画面，并配以恰当的环境。

(二)教学难点

展现猴子的动态表现。

三、课前准备

教师：猴子的图片、范作及结构分析图、动态分析图、录像资料。

学生：收集到的猴子的图片和文字资料、常用的面塑工具材料。

四、教学过程

(一)导入

1. 出示猴子图片，请学生欣赏，并说出自己的看法。

2. 请学生回忆以前捏小动物的知识，让学生尝试分析制作猴子各部分的技能技法。

(二)讲授新课

1. 请学生讲述猴子的故事或见过的猴子，激发兴趣。

2. 欣赏猴子照片及表现猴子的面塑作品，重点引导学生观察面塑大师是如何运用简练的技法，把自然形象变成艺术形象的。

3. 分析猴子的习性及基本结构和形体特征。

4. 教师演示讲解：用面表现猴子形体特征。

(1)各部分能用什么概括出来？

(2)回忆技法

5. 分析学生猴子作品及其他学生的作业，以增加学生的信心。

让学生到前边演示：演示揉、搓的技法……

6. 你认为猴子的哪个部位最难制作？

7. 教师讲解演示猴头的做法。

(三)学生合作设计、制作

1. 在制作过程要灵活的运用技法。

2. 小组讨论：捏的小猴儿在干什么？想动作，可以给小猴穿什么衣服、添加什么环境？

3. 最重要的是分工合作，分好工。

教师：出示课件——猴的图样。

看谁制作得又快又好。（注意猴的动态）

(四)学生实践

学生合作制作，教师巡回辅导。

辅导重点：

(1)猴子的动态与结构。

(2)猴子与环境的关系。

(五)小结

今天这节课同学们都制作出了一只你认为最可爱的猴子，捏得各有特色，非常好，同学们可以在课余时间尝试着用这些技法捏一些别的小动物来装饰你的家，使你的家更漂亮。

五、教学评价

评价点：

奖项类别	评价标准	学生自评	互　评	师　评
创新奖	在解决问题的时候，是否又发现了新问题？			
佳作奖	学习任务完成情况怎样？作品是否有创新性？			
守纪奖	表达、交流时态度是否认真？			
合作奖	有团体合作的意识，和他人合作共同完成任务。			

7. 猪之家

一、教学目标

(一)知识与技能目标

1. 通过观察、记忆和想象，了解猪的基本结构、特征和生活习性，比较现实与面塑猪的异同，概括地捏出猪的形象。

2. 初步掌握捏制面塑猪的技巧和方法。

(二)过程与方法目标

学习贴脸的技巧；运用夸张变型的艺术手法创作猪，感受面塑技巧和艺术魅力。

(三)情感态度与价值观

功效性完美结合，造就学生的预设意识，立体塑造能力和动手能力。

二、教学重点、难点

(一)教学重点

学习贴脸的技巧。

(二)教学难点

怎样用夸张的手法创作出面塑猪的神韵。

三、课前准备

教师：猪的图片、录像资料以及各种面塑作品、课件。

学生：收集的猪的图片和文字资料、常用的面塑工具材料。

童心玩捏面塑　巧手融汇古今

四、教学过程

（一）用神话人物引入正题

提问：我想请同学们猜一个神话人物：天蓬元帅是何人？

师：猪八戒是玉皇大帝的天蓬元帅，因为多吃了蟠桃、多喝了御酒，被玉帝打入人世，慌乱中投胎成猪。猪八戒被收服后，成为孙悟空的好帮手，一同保护唐僧到西天取真经。猪八戒朴实厚道、好吃能睡，总是被孙悟空作弄，是个被许多人又爱又同情的喜剧人物，仅以猪八戒为正题的电视剧就拍过好几部，如《春光灿烂猪八戒》《天上掉下个猪八戒》等。自古以来，猪是田舍宝，粮多糊口好。

今天，就由老师带领同学们学习面塑动物——猪。

（二）讲授新课

1. 秦唐文化看西安，明清文化看北京，两汉文化看徐州。徐州是汉朝地下遗存最丰富的地域，也是汉朝养猪业最发达的地域之一，徐州地域的汉墓中多有陶猪和陶猪圈出土，可见养猪业在当时社会民生中的重要性，这些陶猪造型古朴而富有神韵。

2. 欣赏"徐州"博物馆。

下面就请同学们随着我一起来到"徐州"博物馆。

提问：这是什么动物？

师：请同学们再看这是什么动物？

师：你从哪里特征看出是猪呢？

展示多媒体课件：（欣赏博物馆陶猪图片）

3. 教师总结：猪的鼻子、耳朵、尾巴、肚子的特征。

4. 我们再看看其他朝代玉猪。（播放多媒体课件。）

玉猪图片：汉朝人认为，人死后，坟室里要陪葬陶猪，手里还要各握一只玉猪，猪象征财富，但愿来生拥有更多的财富。

5. 请同学们说说汉朝陶猪作品是运用了什么艺术手法？

教师总结：夸张的表现手法，鼻子特征。

6. 教师现场演习：怎样用夸张变型的艺术手法创作面塑猪。

提问：猪头的基本形？（比例、动态、色彩）

提问：你认为可以用什么技法表现猪的五官？（细讲贴脸的方法）

提问：身子的大小比例、头转动的角度？

童心玩捏面塑 巧手融汇古今

提问：你认为做好猪的技巧在哪里？（动态、表情）

7."家"字的来源与延伸。

在上古时候，家的含义是住处养猪，可见猪的文化不含任何贬义。断章取义，住处养了猪才是稳固下来了，才成为真正温馨的家了。下面，我们欣赏一下汉代的"猪之家"，再欣赏一下现代的"猪之家"。

8.展示多媒体课件：汉朝"猪之家"，现代"猪之家"。

好，我们尝试使用夸张手法来做一些猪宝宝，或者猪爸爸，猪妈妈，让他们成为快乐的一家吧。

9.继续展示有关猪的历代民间工艺品，包括剪纸、绣品、布饰等，说明猪作为"形象大使"，历来为人们喜欢。

（三）学生尝试练习，开导式讲授，鼓励同学们创作不同凡响，有创造性作品。

（四）展示评价

1.请学生们将自己的作品放入小猪的家中。

2.猪宝宝快乐的一家呈现在我们的面前了，谁来先描绘和评价一下自己的作品。

3.教师选择部分好的作品放入"猪之家"。

4.欣赏现代猪艺术品。

猪为六畜之首，人与猪的关系非同一般，以肉类为食大部分来自猪。猪一身是宝，供人类采用。我国作为一个农业大国，猪更是与亿万农民有着不解之缘。

5.请同学们再欣赏一下现代面塑猪的艺术品吧。看动画《猪之歌》，唱《猪之歌》。

五、教学评价

评价点：

学生方面：

1. 你对这一节面塑课程感兴趣吗？

感兴趣□　一般□　不感兴趣□

2. 你喜欢动手做动物吗？

喜欢□　一般□　不喜欢□

3. 在探究活动过程中，你与小组成员合作愉快吗？

愉快□　一般□　不愉快□

4. 你在学习面塑——猪过程中，发现新的问题了吗？

有□　没有□

5. 同学们对你表现有什么样的评价？

优秀□　良好□　一般□　较差□

童心玩捏面塑　巧手融汇古今

8. 熊猫咪咪

一、教学目标

(一)知识与技能目标

1. 了解熊猫的外形、结构特征、生活习性等，学会观察和描述。

2. 通过训练使学生掌握圆形、椭圆形组合的方法。培养学生对基本形的认识和表现能力，启发学生的创造性。

(二)过程与方法目标

1. 学习揉、捏、滚、挤、压、扎、粘等面塑的基本技法。

2. 圆形、椭圆形组合，抓住动物特征，运用不同大小的圆塑造大熊猫。

(三)情感态度与价值观目标

培养学生创造性思维，增加学生爱护大熊猫的情感。

二、教学重点、难点

(一)教学重点

学习揉、捏、滚、挤、压、扎、粘等面塑的基本技法；运用圆形、椭圆形组合制作熊猫。

(二)教学难点

运用所学习的面塑技法捏出大熊猫的各种形态。

三、课前准备

教师：课件、大熊猫图片、录音机、磁带、面塑工具。

学生：课前查找熊猫资料，面塑工具。

四、教学过程

（一）导入

出示圆形、椭圆形画片，学生很容易就认出来了，教师要不失时机地表扬和鼓励学生：这节课我们一起来试一试，把两种圆形合起来捏个小动物，同学们动脑想一想，有哪些动物的形状是由圆和椭圆形组合而成的？

（二）讲授新课

1. 先请同学们猜一条谜语：

带副黑眼镜，长得胖乎乎，所有小朋友，对它都爱护（打一动物）。谜底：（大熊猫）。同学们真聪明，见过大熊猫吗？（见过或在电视中见过），今天我们就用圆形和椭圆形来捏一幅熊猫乐园好不好？

2. 出示玩具熊猫（仿真的）：

同学们知不知道大熊猫是我国特有的珍稀动物，它们的家乡在四川，很多同学在动物园里见过，喜不喜欢它们？所以我们要爱护保护它们。别看大熊猫长得胖乎乎、圆溜溜，还会做出很多滑稽的动作呢，样子可爱极了，不信你们看。

播放多媒体课件：请同学们仔细地观察大熊猫。

（1）一个直立行走的大熊猫向我们走来了，一边走一边招手向同学们致意："小朋友们好。"

（2）光站着走太累了，让我爬着走一会吧（爬着的熊猫），哎呀！我又累了，坐下来休息一会再走也不迟（坐着的熊猫）。（到了晚上，熊猫该睡觉了），我要早睡早起，养成个好习惯（躺着的熊猫）。

但是，这种动物在我们的地球上已经剩下不多了，面临灭绝的危险，所以它们成了我们的国宝，被国家列为一级保护动物。所以，我们每个人都要好好保护它，让它们和我们人类一起，永远生活在地球上。

3．提问：通过观察，同学们能不能说出大熊猫的基本形状是什么形？（圆形和椭圆形）老师展示画卡，下面老师请几位勇敢的同学把这些画卡拼成几个大熊猫？

4．简单总结和修改学生的拼图：（主要启发学生说出来）。

熊猫的头是圆形，身子也是圆形，两只耳朵和小鼻子也是圆形，四肢是椭圆形，眼睛也是椭圆形。

5．另外，根据熊猫的头和身子两部分圆形的构成方向，可上下，可左右，可倾斜再加上四肢，熊猫的不同动态就出来了。（教师边演示边用讲故事的语气描述大熊猫嬉戏的各种动态）

6．分析熊猫作品及其他学生的作业，以增加学生的信心。

让学生到前边演示：演示揉、搓的技法……

7．你认为熊猫的哪个部位最难做？

8．教师讲解演示熊猫头的做法。

9．根据以往捏面塑的经验想一想熊猫是怎样捏制出来的？（先后顺序）

先制作动物的身体形状，捏制头部与身体插接，最后捏制尾巴与身体连接。

(三)学生合作设计制作

1. 欣赏学生作品

2. 在制作过程要灵活地运用技法。

3. 小组讨论：捏的熊猫在干什么？添加什么环境？

教师：出示课件——熊猫的图样

看谁制作得又快又好。（注意熊猫的动态）

4. 教师要引导学生按步骤进行。指导学生不要捏得过小，如果捏的太小可以再捏一只大一些的。

5. 每人制作1～2只熊猫，并将它们放养在本组的自然保护区中。

(四)学生实践

学生合作制作，教师巡回辅导。

辅导重点：

(1)熊猫的动态与结构。

(2)熊猫与环境的关系。

(五)小结

1. 播放录像资料《拯救大熊猫》

2. 熊猫看起来十分笨拙，其实却很灵活。它们的关节极富弹性，甚至可以咬到自己的尾巴，并以令人紧张的慢动作，做出体操般的特技表演。砍伐熊猫的丛林，是对熊猫继续生存的最主要威胁。食物和掩护都会因此减少，数量也会下降。二十年间，熊猫的领域已缩减到一半，其主因便是伐林。

3.引导学生寻找大熊猫面临灭绝的原因，并启发学生思考拯救大熊猫的办法。引发学生对熊猫的了解和关怀。对学生想出的办法进行引导和鼓励。

保护大熊猫应该做到不乱砍伐森林，节约资源，减少纸制品的使用。保护大熊猫，也是保护生态环境，同时也保护了我们人类自己。

五、教学评价

评价点：

姓名					班级				学号		
项目	自我评价50％					同学评价30％			教师评价20％		
内容	学习兴趣	投入状态	有否创意	积极交流	作业效果	学习态度	合作参与	创新建议	作业效果	进步情况	学习态度	作业效果
方法	学生自己填写					讨论、组长填写			教师填写		

第二篇　备课资源

9. 中国龙(1)

一、教学目标

(一)知识与技能目标

1. 了解和掌握龙的基本形态、特征等，训练学生综合观察能力。

2. 学会以面塑的形式来表现龙的形态特征，并捏出龙爪、剪出较为细致的龙鳞。

(二)过程与方法目标

细长水滴训练，学习揉、搓、剪(戳)、压的技法，塑造龙的身体和龙爪。

(三)情感态度与价值观目标

通过了解生活中龙的不同形象，感受中国龙文化。

二、教学重点、难点

(一)教学重点

1. 通过欣赏中国龙的文化艺术，让学生感受中国深厚的文化底蕴。

2. 抓住龙的特点，进行细长水滴训练；揉、搓、剪(戳)、压龙的身体和龙爪。

(二)教学难点

能表现具体的龙的形态特征。

三、课前准备

有关中国龙的文字、图片、视频资料，面塑工具。

四、教学过程

(一)游戏导入

1. 观察：

小金鱼和鹿在外形上分别有什么特点？

你能尝试着把这两种动物的形象结合起来，创造出一种新的形象吗？

你们想像力真丰富！我们的祖先也很有想像力呢！

(课件)河流里哪种动物最凶猛？丛林中谁的角最美观？谁是百兽之王？草丛中哪种动物的身体又长又灵活？飞翔的鸟中谁的爪子最锐利……

2. 分析：

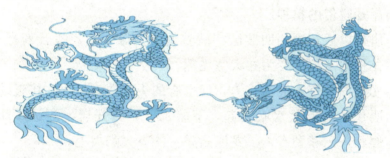

为什么把这些形象和龙放在一起？你发现了什么秘密？

(龙的起源)

龙的角是鹿的角；

龙的嘴巴是鳄鱼的嘴巴；

龙的身体是蛇的身体；

龙的爪子是老鹰的爪子；

龙的鳞片是鱼的鳞片。

(二)讲授新课

1. 播放录像

(1)通过动画片看龙的形象。

（2）春节庙会上舞龙和端午节赛龙舟的场景。

（3）申奥宣传片上龙的形象。自豪、喜悦、热闹、威严。

2. 提问：看到了三段表现龙的形象的影视作品，你有什么感受？

今天我们就来了解中国的龙文化。（出示课题）

3. 你印象中的龙是什么样的？

真正的龙我们都没见过，但龙的传说已经源远流长，经历了3000多年交融演化。

不同时期的龙的形象各有不同：

新石器时期的龙头像猴头，身体像蛇，外形简单。

汉代的龙身体上有了纹饰，有蛇体形和兽体形，有点像老虎。

隋朝的龙的形体拉长，从头到尾体现为一种忍耐和克制，表现出超凡脱俗的精神。

唐代以后行龙的四肢已突破着地的局限，随意拨云驾雾。从此，龙从地上行走变为在天空飞翔。

元代的龙姿态灵活有力，但也有的头部造型较小，接近蛇形。

明代龙的形状双眼突起，下唇加长，嘴开启，常做戏珠状，身体健壮，爪苍劲有力。龙四条腿上均有火焰披毛。

清代龙发披散，龙身略拉长，增强龙的神圣感。

4. 通过简单的了解，我们知道了龙是中国人创造的理想化动物形象，是中华民族独到的精神文化，它身上具有很多动物的特征，今天我们就来学习面塑龙的做法。因为龙比较复杂，所以我们分两节课来学。这节课，我们首先来学习龙的身体和龙爪的做法。

5. 龙身的制作过程：

（1）细长水滴揉搓的技巧。将面搓成条，一头粗一头细，（粗为头，细当尾）。

（2）搓出龙肚皮（细长水滴），粘贴在龙身上。

（3）制作龙鳍。

（4）龙爪的做法。

龙身：哪些方法可以表现鳞片？除了用剪和戳的方法，你能把龙身装饰得更漂亮吗？

龙尾：查看资料，你能发现多少种龙尾造型？你还能想出更新颖别致的吗？

6. 龙的动态

龙的动态：升龙、降龙、蟠龙、行龙等。

（三）学生制作

引导学生进行不同主题、不同方式的探究，并制作不同风格的龙的身体形象。

（四）评价总结

引导学生以欣赏的眼光进行自评与他评。

五、教学评价

评价方式	自评	互评	师评
学习兴趣			
搓、剪（戳）技法熟练			
身体搓的均匀程度			
龙爪动态有否创意			
身体龙爪组合效果			

10. 中国龙(2)

一、教学目标

(一)知识与技能目标

了解和掌握龙头的基本形态、特征等；学会以面塑的形式表现龙头。

(二)过程与方法目标

进一步学习三叶草的做法，探索学习龙头的表现方法。

(三)情感态度与价值观目标

中国是龙的故乡，我们是龙的传人，这中间包含人们对龙的尊重、崇拜，人们借龙的精神来树立自己的民族精神。

二、教学重点、难点

(一)教学重点

学习三叶草的做法、探索龙头的表现方法。

(二)教学难点

结合其他面塑技法，做出一条完整的龙的形态。

三、课前准备

有关中国龙的资料，面塑工具。

四、教学过程

(一)导入

1. 提问：上节课我们学习了龙的身体的做法，主要用了哪些技法？

2. 你发现什么制作技巧了吗？

3. 龙的动态有：升龙、降龙、蟠龙、行龙等。

看看自己的实物资料：它属于哪种类型的龙呢？

4. 关于龙的知识，你还想知道哪些？

5. 欣赏百姓喜闻乐见的与龙有关的民俗活动。

（二）讲授新课

这节课我们来学习龙头的做法：

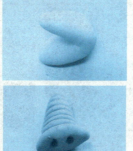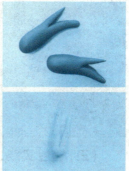

1. 欣赏龙头的图片。

2. 引导学生讨论龙的图片和面塑龙的区别。

3. 提问：龙头有什么特点？如何表现？

龙嘴大张，露出整齐的牙齿，其中四颗虎齿较大，龙眼圆睁，龙角上翘，龙须上下摇晃，栩栩如生，龙发飘飘，威风凛凛……

小组探究：

龙头：龙头主要由哪几部分组成？哪些颜色搭配在一起显得更威武？

4. 龙头具体的制作方法。

讲解三叶草的制作方法。

5. 讲解龙头和龙身体的衔接方法。

6. 欣赏其他风格的面塑龙。

（三）学生实践、教师巡回辅导

重点纠正三叶草的制作方法。

五、教学评价

（一）评价方式

1. 在欣赏课中，可采用同学互评的方式，对同学们收集、整理资料后获取的有关答案进行评价，在评价的同时让学生互相学习，资源共享，增加学生资料的丰富性。

2. 在"造型·表现"中，可以让学生以小组舞龙或展示作品的形式，在班中进行互评。

(二)评价点

作业要求类别	具体要求	评价指标	成绩	综合评价
具体化	捏出小老鼠	是否捏出小老鼠的基本特征；能否捏出形态各异的小老鼠。	优秀、良好	
可选部分	可用自己喜爱的工具和材料进行个性化表现，技法上有特点。	1. 是否选择自己喜欢的工具或材料； 2. 作业品是否具有个性； 3. 龙头的造型是否具有自己独特的想象力表现，是否有变化。	优秀、良好	
作业态度	作业认真	作品富有美感	优秀、良好	

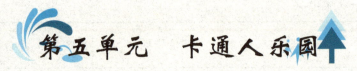

第五单元　卡通人乐园

1. 我为你塑像

一、教学目标

(一)知识与技能目标

了解立体面塑头像的基本常识；掌握面塑头像的基本的步骤、方法和技巧。

(二)过程与方法目标

采用揉、捏、搓、粘等技法进行头像的造型创作。

通过同伴之间的相互评价，帮助学生在评价中快乐成长。

(三)情感态度与价值观目标

感受面塑创作的乐趣，提高学生的观察力、想象力和动手能力，培养学生的创新精神。

二、教学重点、难点

(一)教学重点

运用揉、捏、搓、粘等技法进行头像的造型创作。

(二)教学难点

人物表情的塑造。

三、课前准备

教师：各种头像照片、课件、各种面塑工具。

四、教学过程

(一)导入

1. 课前谈话

你和同桌合作做过东西吗？今天我们就要同桌合作做一件作品。

合作需要相互间的友好，来！和你的同桌握一下手吧。你们要相互配合好，行吗？

课前游戏：今天课上就给大家一次比赛的机会，你们同桌两个人和我一个人比行不行？比什么呢？用我们刚刚用到的一种技法——搓，看谁在这段音乐中做的面塑搓条又多又长又匀称。音乐响起我们就开始做，音乐停了我们也停下，好吗？不可违规哦，准备好了吗？

2. 学生开始搓条

(面塑条的准备是本课的物质前提，大多数用来制作头发，如果真的是让学生搓，可能劲头不是很大，为了能达到又快又好的效果，所以采用了比赛的形式，激发学生的兴趣，同时学生也会全身心地投入到这样一个环节当中)。

3. 研究一下共有几种搓泥条的方法。

(二)讲授新课

1. 引导绕、拧面塑条。

刚刚我们一下就搓了这么多的条，谁来说说这些条能做什么？

2. 老师带来了一件作品，看！有了这些面塑条，我们还可以做出什么？(老师故作神秘状)

3. 出示一幅面塑头像作品。

提问：这些条被用在了头像的哪些地方？

（小结：有了这些条，你就可以让人物头像的头发变得更漂亮。）

4. 学生讨论头像头发是怎么表现的？

可以怎么绕呢？（学生如果说出还可以用"编"的方法，教师继续讲解拓展学生思路）。

5. 提问：除了用画笔表现人物头像以外，我们还可以用面表现人物头像。还可以用什么方式进行表现？（手工纸、泥、布贴、米粒……）

6. 出示几幅人物画像

（1）现在老师有一个小奖励，请你来欣赏已标了号的成人设计的头像图片，看看谁能记住这些图片的特征？并用语言描述它。

（2）请学生说说头像的特征？（五官、表情、装饰）

师简单讲解"三庭""五眼"

"三庭五眼"是古代画家根据成年人的面部五官位置和比例归纳出来的。如果某人的五官不同于这一标准，则成为其明显特征。因此，"三庭五眼"是衡量人的五官大小、比例、位置的准绳。但是，儿童与成人不同，年龄越小，眼睛位置越偏下，五官位置显得越紧凑。

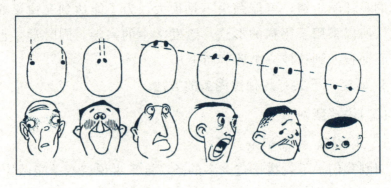

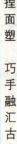
童心玩捏面塑　巧手融汇古今

（过渡）人是有生命的，同时也是有感情的，而人们的感情往往都是写在脸上的，比如我们常说的"喜形于色"等说的就是这个意思。这种写在脸上的感情，我们通常就叫它表情。人有喜、怒、哀、乐等丰富的感情，也就有了现在我们要讲的丰富的表情。人们把感情写在脸上，今天，我们就把表情用面捏出来。

师："捏人笑，眉开眼弯嘴上翘；捏人哭，眉掉眼垂嘴下落；捏人怒，垂眼落嘴眉皱掉。"这就是捏人物表情的基本方法，请同学们跟我一起来念一念，在念的时候，希望大家能记住这几句口诀。（与同学们一起念）。

当然，今天我们讲的只是一点基本的方法，同学们可以通过这样的方法，捏出简单的人物表情，但这又是其他表现方法的基础，其他的表现方法都是在这样的方法基础之上展开的。

7. 将面塑头像与自画像作比较，它们之间有什么不同？（平面、立体的、用具不同……）

8. 刚刚我们欣赏的都是大人做的，现在让我们一起去看一看同学们用面做的头像，看看你们能不能从中得到启发。（示图）

（1）看同学笑成的这个样子，请你来猜一猜面塑头像是怎么表现的？（夸张）

首先，我们要仔细观察对象，在观察的时候就要运用到我们今天讲的这些知识，主要从人物的脸型、五官的位置及表情变化开始。例如：同学的脸型是属于什么脸？五官的比例有什么特别的？他（她）的表情是怎样的？

（2）学生互相观察同学的脸

五官：你看到怎样有趣的五官？

装饰：你会用什么方法来做？

表情：会有什么样的表情呢？

（3）揭题"我为你塑像"

9. 同学们讨论面塑头像中最吸引他们的制作方法。

（注：感受面塑头像制作时精彩的方法，不要老师说，而是尽量让学生自己发现，教师只给他们一定的启发，为学生做出精彩的作品打下基础）。

（三）尝试、改进

1. 请你来试试为同学做一个有趣的头像。

2. 欣赏个别作品。怎么办才会让你的或者是你们小组合作设计的头像更吸引人呢？

（色彩、五官、发型、有一个主题……）

3. 学生方法探究：肯定出好的地方，提出改进的地方。

师：你有什么方法让头像变得更有趣？

4. 刚才我们想出了更多的方法，请你和你的同桌一起商量一下，动手再来做一做吧！

(四)学生做，教师指导

1. 指导学生，注意色彩搭配。

2. 指导学生，对头像进行夸张和装饰。

(五)展评

今天我们做了这么多有趣的头像，来！把你们的作品拿上来。欣赏学生作品，评价后再欣赏。

（作品的展示，是对学生整堂课学习成果的一个证明，也给了学生再学习的兴趣和再进步的平台。所以采用投影仪的形式一个个展示。）

(六)延伸

师：知道吗？其实我们今天的头像是根据头像雕塑的形式来做的，看(出示图片)这就是雕塑，这也是头像雕塑，艺术的形式是多么丰富，有待我们再一次去艺术之海遨游。

五、教学评价

评价要点：

我的感觉		我去发现	
	我捏得很开心		我发现了最漂亮的作品
	我很喜欢这节课		他作品最漂亮的原因：
	我想象得很有趣		他最让人感动的地方
	我捏的与别人不一样		他最有创意的地方
	我学会了：		他的学习态度
	我发现了：		他哪里捏得最失败
	我遇到的困难是：		我是怎样把糟糕的作品变为好作品的
	我希望老师：		我为同学出点子，希望你：

2. 表演的人(1)

一、教学目标

(一)知识与技能目标

欣赏古代、现代各地区面塑的艺术特色和审美情趣的同时让学生感受面泥，了解三维空间的塑造方法，完成一个人物的塑造。

(二)过程与方法目标

学习揉、捏、搓、贴、接等面塑技法，塑造人物。

(三)情感、态度与价值观目标

认知面塑艺术是中国的文化遗产，体会民间面塑表达了劳动人民纯真、热烈、乐观向上的感情，无拘无束的自由想象，反映了浓厚的生活情趣。作品大多运用夸张、简练的基本造型方法，给人以美的享受。

二、教学重点、难点

(一)教学重点

欣赏各种风格的民间面塑，掌握手捏面人的基本过程和方法。

(二)教学难点

如何运用面塑造型的夸张、变形等方法制作生动有趣的小面人。

三、教具准备

教师：采用实物、图片展示学生作品。多媒体教学设备等。
学生：塑版。搜集民间面塑人物作品或图片资料。

童心玩捏面塑　巧手融汇古今

四、教学过程

(一)导入

1. 把学生分为若干组,便于互相学习、交流、讨论、促进学生间的互动。

2. 课件出示不同类型的人物面塑图片和实物作品,提醒学生仔细观察。

(利用实物投影仪展示)

3. 提问:你看到了什么?

引导学主回答出"什么人""什么地方""在干什么"等问题。

《东郭先生》

《私塾》

《捏面人》

4. 教师小结并揭示课题

(二)讲授新课

1. 让同学么们谈一谈生活中接触过哪些面塑作品?

2. 结合课件请同学们讨论民间面塑的造型特点。

教师归纳总结:民间面塑表达了劳动人民纯真、热烈、乐观向上的感情,无拘无束的自由想象,反映浓厚的生活情趣,作品大多运用夸张、简练的基本造型方法，给人留下美的享受。

3. 人物的大体比例

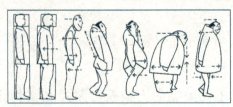

4. 捏一个人物试一试。

(1)师生一起随意捏个外形。

(2)教师在视频展示台示范讲解。(强调"随意捏"，要大胆，可夸张一点)

(3)指名展示，师主共同调整。

(4)老师的面人跟你们的可不一样，请你们仔细看。(播放课件)

提问：人物动态的表现方法。(出示图)

提问：怎样让小面人做不同的动作呢?

师总结：只要把人物的头歪一歪，手伸一伸，脚踢一踢，身子扭一扭……就可以得到各种动态人了。

提问：请同学们讨论回答面塑人物用了哪些基本技法?

教师归纳总结：揉、捏、搓、贴、接等。

提问：你觉得这些面塑人物美吗? 美在哪里? 你能看出是用

什么方法做的吗?

5. 教师出示实物作品,指出各个部位所运用的技法,并指出修饰的重点和运用的对比关系。

师生共同总结美化人物的方法。并用课件展示人物的表情和动态、衣服制作方法、夸张的表现手法。

6. 教师利用实物投影仪演示面塑人物的步骤、方法,边演示边讲解:运用揉、捏、搓、贴、接等方法简单地表现一个面塑作品。并指出,运用挑、镶、滚、抹等时重点在于深入表现人物的表情细节,注意运用夸张、变形来表现。

(三)学生实践、教师巡回辅导

内容:用面塑的方法表现一个或一组富有生活情趣的人物形象。

要求:运用夸张、变形的手法来表现。

要点:及时肯定学生的学习成果,对有具体困难的同学进行具体帮助。提醒整体与局部的关系。注意引导学生间的资源共享与学习交流。

(四)展示与交流

1. 设置活动场景供大家共同游戏。

2. 学生下座位观赏交流,评出最喜爱哪件作品,并阐明自己的理由。

3. 谈谈自己对自己作品的设计意图和具体的表现方法。

五、教学评价

面塑人物是在面塑动物一课的基础上运用已学过的制作立体面塑动物的基本技法,学习徒手捏制面塑人物,以拓宽儿童造型的表现内容。

在教学过程中通过捏制小面人,让儿童认识、了解人体的基本结构、特征,在揉、搓、捏、接的过程中逐步掌握面塑人物造型的基本方法和制作步骤，塑造出自己熟悉的、常见的、生活中有趣的人物形象。并能用适当的方法装饰打扮人物，表现出人物的表情、性格、动态等方面的特征。让学生有意识地通过捏制活动来表达自己的情感，发展有个性的表现力。在评价中，教师应该注意在教学活动中将个人的制作与集体活动相互结合。通过设置情境、场景等形式，激发儿童学习的兴趣，以小组为单位，通过一个场景，如踢球、老鹰捉小鸡、丢手帕等来做不同动态、不同表情的人物形象，最后组成一个活动场景供大家共同游戏，使儿童的学习兴趣、动手能力和想象能力在学习活动中得到提高，同时感受到集体活动的快乐。

评价点：

	评价	自评	互评	师评
知识能力	知识的理解			
	构思与创新			
	技能技巧运用			
	表现力			
	作品效果			

3. 表演的人(2)

一、教学目标

(一)知识与技能目标

巩固对人体的基本结构和主要组成部分的认识，掌握人体动态面塑造型的基本方法。

(二)过程与方法目标

1. 以独立创作和小组合作相结合的形式参与学习活动，发展学生的表演能力、立体造型能力和审美能力。

2. 通过模仿、表演等形式，帮助学生体验不同的人物造型，理解不同的基本形。

(三)情感态度与价值观目标

培养学生对面塑学习的持久兴趣和热爱生活、创造美好生活的情感。

二、教学重点、难点

(一)教学重点

掌握人体动态造型的基本方法。

(二)教学难点

艺术地表现生动而美的人物表演动态。

三、教具准备

教师：采用实物、图片展示、学生作品。多媒体教学设备等。
学生：塑版。搜集人物作品或图片资料。

四、教学过程

(一)导入

1. 欣赏

(1)提出要求：记住你最喜欢的动作，看完后给同学们模仿表演你认为最美的或最有趣的一至两个动作或表情。

(2)人物体型的基本形是什么？仔细观察。

(3)课件。表演的人(京剧、千手观音、杨丽萍作品、街舞、儿童舞蹈、杂技、演奏等)。

2. 学生表演

请3~5名学生模仿表演影视剧中自认为最美或最有趣的动作表情。(注：有危险性的动作不宜模仿)

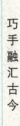

3. 教师小结

同学们的表演跟表演艺术家们的演出一样精彩，用自己的肢体语言给大家带来了美的享受和精神上的愉悦，也正因为如此，许多美术家也将他们的表演当作美术创作的原型，下面让我们来看看他们的作品。

4. 播放课件，欣赏不同形式的表演题材的美术作品。（速写、油画、中国画、工艺制作、面塑等）这节课，我们也来表现一个表演的人。

（二）讲授新课

板书课题：表演的人

1. 这些"表演的人"都用了不同的方法和材料进行了艺术再创作，运用面泥这种材料我们可以运用什么方法来创作表演的人呢？

2. 回忆上节课所学方法：

只要把人物的头歪一歪，手伸一伸，脚踢一踢，身子扭一扭……就可以得到各种动态人了。

3. 学生介绍方法，师生共同按照学生介绍的方法进行示范。同时，教师介绍人体的基本结构特征。

(1)师：还可以用不同的方法来创作表现吗？

(2)老师和很多同学都表现过这个题材，看看他们的作品。

4. 师生作品欣赏

（三）学生实践，教师巡回辅导

1. 作业要求

独立创作或合作完成一个或一组表演的人，可适当的想象、变形和夸张。

2. 辅导要点

(1)循环播放人物表演动态的图片；

(2)提醒学生注意把握人体动态，不要太拘泥于小节。

(四)展示与交流

五、教学评价

评价点：

	评价	自评	互评	师评
知识能力	知识的理解			
	构思与创新			
	技能技巧运用			
	表现力			
	作品效果			

童心玩捏面塑　巧手融汇古今

4. 三个和尚

一、教学目标

(一)知识与技能目标

1. 通过欣赏民间故事《三个和尚》，引导学生交流主要角色的神态和造型特点。

2. 学会用面塑设计制作简单的人物造型及布景、道具。

(二)过程与方法目标

通过观察、分析、想象、小组合作交流等活动，初步把握人物的外形、动作、神态表情之间的内在联系。选择自己喜欢的艺术形式，表现《三个和尚》故事中最感兴趣的内容。

(三)情感态度与价值观目标

从故事中体会合作的重要性，教师要启发学生在交流与合作中分享艺术活动所带来的乐趣，从而增强学生的合作意识。

二、教学重点、难点

(一)教学重点

学会通过抓住体态、表情、动作塑造三个和尚的人物造型。

(二)教学难点

小组明确分工合作，在短时间内完成造型设计制作及布景、道具。

三、教具准备

1. 教师：多媒体教学课件、投影仪、面塑材料、《三个和尚》

VCD 以及卡纸、面塑工具。

2. 学生：面泥、剪刀、塑板、牙签等。

四、教学过程

(一)情景导入：三个和尚

1. 通过生动的动画片吸引学生注意力，激发学生的学习兴趣；同时认识到团结互助的美好品德。

2. 音乐播放：木鱼的敲击声："听……是谁来了？"

3. 播放《三个和尚》的动画，学生欣赏。

4. 出示课题《三个和尚》及三个和尚的图片。

提问：你看懂了什么？有什么感想吗？学生发表意见，表达自己的感受。

师：在作品创作中，人物设计与人物性格要相结合。（结合三个和尚的故事进行分析）。

小和尚：单纯，聪明；

长和尚：奸刁，工于心计，好占便宜；

胖和尚：贪婪，憨直。

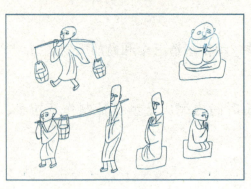

(二)讲授新课

1. 观察分析：三个和尚的身材特征。

（培养学生的观察对比能力，抓住三个和尚的不同造型特征。）

2. 提问：给你印象最深的是谁？说说他的特征。

教师在黑板上根据学生的分析用简练的一笔画画出三个和尚的身材。

3. 提问：谁能用几组反义词来描绘三个和尚的外貌特征

胖—瘦　高—矮　老—少

(三)添画游戏：多变的表情

（通过对其神态的刻画、模仿，感受三和尚鲜明的个性。帮助学生加深理解故事情节，为后面的教学、创作打下基础。）

1. 老师给每个同学发了一张有头像的纸，同学们添画动画片《三个和尚》中的表情。（用油画棒快速地添加出五官）

2. 学生介绍自己画的表情？并学学这个表情。

(四)模仿游戏：我是小和尚

（熟悉人物动态，解决作业过程中人物动作单一、概念化的问题。）

1. 课件展示和尚表情与动作，指导学生观察人物不同表情下的动作，分析四肢动态，如挑、抬、举、抢。

2. 选1～2个动作试着模仿、体验一下，教师提供相应的道具扁担、木鱼等。

3. 和尚制作方法

(五)作品欣赏

(欣赏同年龄学生的作品，拓宽学生的创作思维，激发学生的创作灵感。)欣赏优秀学生的作品，分析制作材料。喜欢哪一幅？为什么？

(六)学生创作

1. 用喜爱的方式表现《三个和尚》的故事。

作业要求：

(1)发挥想象，充分展现面塑材料的特性。

(2)设计要求：分析人物造型、色彩、表情以及背景、道具。

(3)制作要求：五官表情、体态、衣服结构的制作方法。

2. 小组交流：准备表现哪个故事情节？怎样表现？如何分工合作？

3. 学生制作，教师巡视、辅导，播放活泼的《三个和尚》的伴奏音乐。

(七)学生作品展评，体验创作成功的喜悦

让学生在自评、互评作业的过程中，提高鉴赏作品的能力，知道存在的不足和今后努力的方向。适当的鼓励，让学生体验到创作成功的喜悦，激发学生创作、学习的兴趣。

1. 作品布置在相应展区，学生相互欣赏。交流感受：说说自己作品的得意之处，评一评哪件作品好？它为什么吸引你？

2. 老师给予适当地点评与鼓励。好在哪里？如何使作品表现得更好？

(八)课堂小结及课后延伸

1. 小结：提倡发扬团结互助的优点，让大家共同进步。

2. 拓展：想像、创编《三个和尚新故事》。

(1)课后继续修改，完善，交流。

(2)用数码相机把作品拍摄下来，并把学生作品按照故事情节制作成 PPT 挂在博客上，让更多的同学、老师和家长分享学习、合作的成果。

五、教学评价

面塑操作并不简单，对于低年级学生，并不是一件容易的事。绝大多数学生对学习人物有着浓厚的兴趣，他们抱有一种童真的"好玩"心理。因此在讲授时应该让学生们感觉到他们是在"玩"，让他们在"玩"中领会"玩"的规则。教学时还要注意引导学生掌握知识和方法。那些对技能操作很熟悉的学生，教师先确定他们的操作正确的情况下，可以让他们在自由练习的时候充当教师的小助手，从而不使学生失去学习的兴趣。

评价要点：

项目	A 级	B 级	C 级	自评	互评	师评
认真	上课认真听讲，作业认真，参与讨论态度认真。	上课能认真听讲，作业按时完成，有参与讨论。	上课无心听讲，懒于捏作品，极少参与讨论。			
积极	积极举手发言，积极参与讨论与交流。	能举手发言，有参与讨论与交流。	很少举手，极少参与讨论与交流。			

项目	A 级	B 级	C 级	自评	互评	师评
自信	大胆提出和别人不同的问题，大胆尝试并表达自己的想法。	有提出自己的不同看法，并作出尝试。	不敢提出和别人不同的问题，不敢尝试和表达自己的想法。			
善于与人合作	善于与人合作，虚心听取别人的意见。	能与人合作，能接受别人的意见。	缺乏与人合作的精神，难以听进别人的意见。			
思维的条理性	能有条理表达自己的意见，解决问题的过程清楚，做事有计划。	能表达自己的意见，有解决问题的能力，但条理性差些。	不能准确表达自己的意思，做事缺乏计划性，条理性，不能独立解决问题。			
思维的创造性	具有创造性思维，能用不同的方法解决问题，独立思考。	能用老师提供的方法解决问题，有一定的思考能力和创造性。	思考能力差，缺乏创造性，不能独立解决问题。			

我这样评价自己：

同伴眼里的我：

老师的话：

5. 圣诞老人

一、教学目标

(一)知识与技能目标

学习掌握拨碎花的技法，并能熟练运用表现圣诞老人的形象。

(二)过程与方法目标

引导学生运用拨碎花的技法表现圣诞老人形象，提高学生的立体造型能力、培养学生的设计意识和动手能力。

(三)情感态度与价值观目标

感受面塑材质的美，培养学生创新精神与设计意识，让学生感受创造美的乐趣。

二、教学重点、难点

(一)教学重点

掌握拨碎花的技法，装饰表现圣诞老人的形象。

(二)教学难点

所表现的圣诞老人生动新颖、有特征，作品富于个性、具有感染力。

三、课前准备

教师：圣诞老人的图片、录像资料以及各种面塑作品、课件。

学生：收集的圣诞老人的图片和文字资料、常用的面塑工具材料。

四、教学过程

组织教学：

检查学具准备情况，教师分发制作材料。调节学生情绪，准备上课。

（一）导入新课

1. 看课件

（1）问：我们玩个视觉小游戏，看哪位同学能从老师捏的这组面塑小挂饰当中找出我们没学过的面塑技法？拨碎花怎样来做呢？我们来看大屏幕。

出示课件范作，分析并讲解面塑拨碎花的制作方法：

（借助工具帮助，演示用法。）这些方法在实际造型中还需要灵活运用。

（2）从我们教室的布置，你们猜出我们今天要塑造的这位特别的朋友是谁了吗？

（3）现在老师出一道题目，看你们学的知识能否灵活地运用。

2. 出示圣诞老人照片

童心玩捏面塑 巧手融汇古今

圣诞老人哪些地方可以用我们今天所学的拨碎花表现？

拨碎花还可以用在哪些特殊的地方？

(二)讲授新课

1. 不管是塑造动物还是人物，观察对象外在的特征很重要。想一想我们可以用我们学过的哪些手段来造型？

（夸张、变形、装饰）

2. 怎么夸张、变形、装饰圣诞老人（小组讨论，教师重点讲解夸张。）

为了让学生更好地理解夸张，教师出示 4 幅漫画（成龙、葛优、刘欢、姜文），让学生说说：你理解的夸张的脸是怎样的"脸"？他们脸部的哪些部分特征明显，漫画家作了怎样的特别夸张？（成龙的鼻子、葛优大门牙、刘欢头和脖子、姜文的大耳朵……）

知识窗：脸部的夸张，只要突出表现脸上某部分的特征，如：眼睛、鼻子、嘴巴、或是额头、颧骨、下巴等，就会产生意想不到的效果。

小组讨论问题：

(1)夸张，是否可以不顾及人物的基本特征，毫无边际地夸大事实？

(2)是突出、夸张表现人物脸部的 1～2 个部位，还是面面俱到，把人物的每个部位都夸张一下？

(3)圣诞老人的脸怎样夸张？（除了脸可以夸张，还有哪些地方可进行夸张。）

3. 引导：同学们在塑造圣诞老人的时候，要大胆地融入自己对表现对象的理解，才能形象上有特色。塑造时可采用多种手法，如：捏、卷、贴、刻、按等技法，让人物形象更加的生动、丰富。

4. "学贵有疑，小疑则小进，大疑则大进，一番觉悟，一番长进"有哪些地方你不知道是怎么做的？（小组讨论）

学生和老师一起释疑。学生质疑，学生释疑，老师只当个"主持人"。

5. 讲解圣诞老人的制作步骤

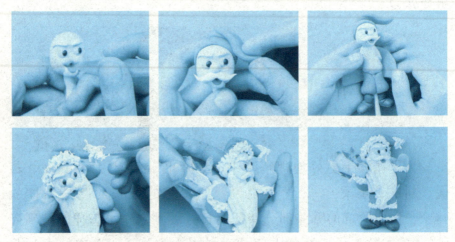

（三）学生实践、老师巡回辅导

出示作业要求：

结合不同的造型手法，塑造出自己喜欢又与众不同的圣诞老人（小组合作）

作品要求：

抓住特征、夸张合理、造型有趣（好的作品及时拍下，以此鼓励学生积极动手制作）

因材施教：

1. 协助学生深入观察表现，帮助学生解决问题。

2. 提示值得注意的地方，及时纠正普遍存在的问题。

3. 注意后进生的作业，协助他们完成作品。

4. 及时评价部分较好的作品，激励全班同学。

辅导要点：

辅导圣诞老人大小比例的掌握；作品是否夸张；碎花的形象表现；面塑造型因素是否显现。

（四）展评、互相交流

现在圣诞老人面塑博览会开幕啦！组织学生有秩序地互相欣赏、浏览。

谈谈自己的发现，分别从造型设计，创意、色彩搭配、造型手段等方面进行评述。

（五）课堂延伸

由于时代、地域、风土人情等各不相同，我国的面塑艺术也呈现出各种各样的风貌。今天我们学的圣诞老人只是面塑王国中的一小部分，我为你们感到自豪，因为你们创造出了翠微小学的圣诞老人，而且有些同学还要珍藏好朋友的面塑作品，这可能是你的第一件藏品，希望今后同学们更多地关注学习这一古老的艺术。

五、教学评价

在学生进行自主学习、合作交流解决问题的过程中，教师应对学生的探究成果予以肯定和鼓励，激发他们学习的热情。在熟练掌握范例作品的操作技巧后，继续理解和巩固拨碎花技巧，教师可以通过点评打开学生的设计思路，引导学生发挥想象，自主地进行个性化的圣诞老人创作。最后通过小组评价选出优秀作品，让学生体验成功。

评价点：

观察内容	测评	备注
拨碎花知识技能掌握情况（基础知识和基本技能）		A＝真正理解并掌握 B＝初步理解　C＝不理解
是否认真（听讲、作业）		A＝认真　B＝一般　C＝不认真

观察内容	测评	备注
是否积极（举手发言、提出问题并询问、讨论与交流、完成作品）		A＝积极　B＝一般　C＝不积极
是否自信（提出和别人不同的问题，大胆尝试并表达自己的想法）		A＝经常　B＝一般　C＝很少
是否善于与人合作（听别人意见、积极表达自己的意见）		A＝能　B＝一般　C＝很少
思维的条理性（能有条理地表达自己的意见、解决问题的过程清楚，创作有计划）		A＝强　B＝一般　C＝不足
思维的创造性（用不同方法解决问题、独立思考）		A＝强　B＝一般　C＝不足

童心玩捏面塑　巧手融汇古今

第三篇　步骤图

动物造型篇

大公鸡

步骤（1）取桔色面团备用

步骤（2）捏出鸡身体的形状

步骤（3）取绿色面团，压扁平，做成衣服状

步骤（4）取桔色面团，搓成枣核形

步骤（5）弯曲，合并（一头长一头短）

步骤（6）将长的一端捏扁，剪出鸡手

步骤（7）粘贴鸡上抬的手，做好另外半片衣服，并遮盖住手的一部分

步骤（8）做出鸡的另一只手

步骤（9）摆好手的造型

第三篇　步骤图

179

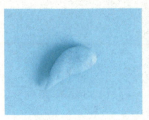  

步骤（10）鸡冠。揉搓成胖水滴　　步骤（11）剪出鸡冠的形状　　步骤（12）安好鸡冠

 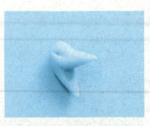 

步骤（13）制作鸡的眼睛　　步骤（14）制作鸡的嘴巴　　步骤（15）粘贴鸡的五官

步骤（16）揉出若干个不同颜色的椭圆形，贴在一起，塑造尾巴　　步骤（17）粘贴鸡尾　　步骤（18）做出两个鸡爪（同鸡手的做法相同）

步骤（19）安好鸡爪　　步骤（20）装饰整理，添加简单环境，完成

海豚

步骤（1）取蓝色面揉球

步骤（2）揉搓保龄球形状

步骤（3）右手食指把保龄球大的一端往下压

步骤（4）捏出海豚嘴

步骤（5）保龄球小的一端剪出鱼尾

步骤（6）塑造海豚尾形

步骤（7）揉搓细长枣核形

步骤（8）枣核形压扁

步骤（9）粘贴肚皮

步骤（10）小枣核形压扁

步骤（11）塑造背鳍形状

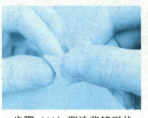

步骤（12）粘贴背鳍

步骤（13）滚压出眼窝

步骤（14）粘贴眼白、黑眼仁

步骤（15）海豚完成图

猴子

步骤（1）取棕色面团备用

步骤（2）包裹小猴子的身体

步骤（3）制作猴子腿脚

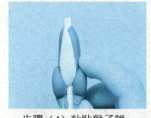
步骤（4）粘贴猴子腿

步骤（5）搓出细长条尾巴

步骤（6）粘贴尾巴

步骤（7）揉压扁圆做猴脑袋

步骤（8）两片胖水滴压扁做心形猴脸

步骤（9）粘贴猴脸

步骤（10）制作扁圆粘贴出胖脸颊

步骤（11）粘贴眼睛、眉毛、鼻子

步骤（12）找嘴的位置，压出嘴窝

步骤（13）一扎一压完成嘴的制作

步骤（14）揉2个圆球压成扁圆，分别加肉色扁片，作出耳朵

步骤（15）一扎一压粘贴耳朵

步骤（16）三叶草作头发

步骤（17）小猴怀里先放个桃子

步骤（18）揉搓出小猴的胳膊

步骤（19）粘贴胳膊，做好猴抱桃子的造型

步骤（20）猴子完成图

虎

步骤（1）把桔色、黑色面条放在一起

步骤（2）在手上朝着一个方向搓

步骤（3）把尖端并在一起

步骤（4）包裹竹签

步骤（5）整形

步骤（6）虎尾用滚子戳洞

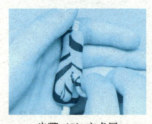

步骤（7）安虎尾

步骤（8）先"7"后"2"做虎腿

步骤（9）做好圆形虎脚

步骤（10）安好虎脚

步骤（11）用搓花条的方法做好虎头

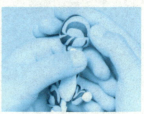

步骤（12）安装虎头

童心玩捏面塑　巧手融汇古今

步骤（13）揉搓椭圆形虎脸

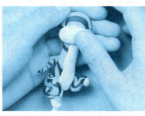
步骤（14）粘贴大的虎脸

步骤（15）用拨子压出嘴形，扎嘴角

步骤（16）安好圆形虎腮

步骤（17）揉搓三角形鼻子

步骤（18）安鼻子

步骤（19）装饰鼻子

步骤（20）做眼睛

步骤（21）做小胖水滴形眉毛

步骤（22）四条小枣核形做"王"字

步骤（23）做圆形耳朵

步骤（24）安虎耳朵

步骤（25）将两叶草的胡子扎在两腮部位

步骤（26）胭脂色、白色、黄色制作羊肉串

步骤（27）搓花条做虎胳膊，圆球做脚垫

步骤（28）安胳膊做造型

步骤（29）压出脚趾

步骤（30）虎完成图

金鱼

步骤（1）取红色面团

步骤（2）揉搓成保龄球形状

步骤（3）把保龄球小的一端捏扁

步骤（4）分剪鱼尾

步骤（5）剪多个鱼尾

步骤（6）捏扁鱼尾塑形

步骤（7）压出鱼尾纹

步骤（8）压出鱼鳃线

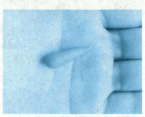

步骤（9）揉搓出一个小胖水滴

步骤（10）边缘捏扁捏薄

步骤（11）安背鳍

步骤（12）压出背鳍纹

步骤（13）滚戳出鱼嘴

步骤（14）扎出鱼眼

步骤（15）粘贴眼白

步骤（16）粘贴黑眼仁

步骤（17）搓细枣核形

步骤（18）塑造鱼的泡眼

步骤（19）细枣核塑造
鱼的上鱼唇

步骤（20）小胖水滴压
扁塑造鱼的下唇

步骤（21）小胖水滴边
缘捏薄

步骤（22）压出鱼鳍纹

步骤（23）粘贴尾鳍和胸鳍

步骤（24）用吸管戳出鱼鳞

步骤（25）金鱼完成图

老鼠

步骤（1）取灰色面揉圆球

步骤（2）包裹小老鼠的身体

步骤（3）塑造身体

步骤（4）搓胖水滴、压扁

步骤（5）粘贴小老鼠的肚皮

步骤（6）搓细水滴

步骤（7）弯曲成"7"
的样子（握弯）

步骤(8) 再弯成"2"的样
子(捏住尖部用大拇指往上推)

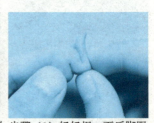
步骤（9）轻轻捏一下后脚跟

步骤（10）粘贴好腿

步骤（11）在尾巴处扎孔

步骤（12）搓细长条尾巴

童心玩捏面塑　巧手融汇古今

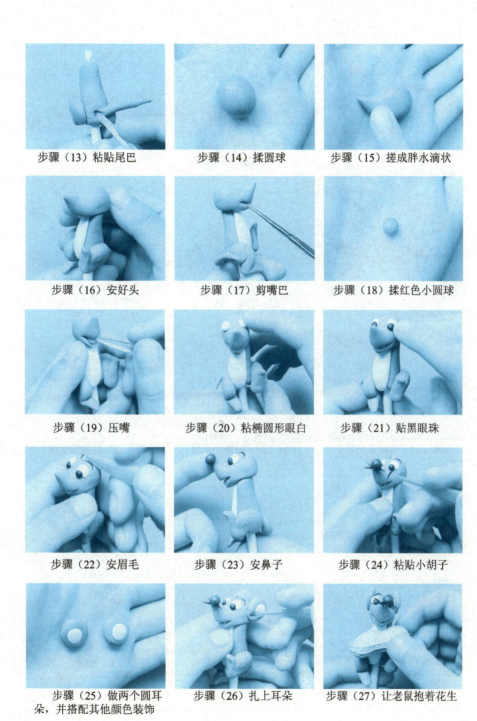

步骤（13）粘贴尾巴　　　　步骤（14）揉圆球　　　　步骤（15）搓成胖水滴状

步骤（16）安好头　　　　步骤（17）剪嘴巴　　　　步骤（18）揉红色小圆球

步骤（19）压嘴　　　　步骤（20）粘椭圆形眼白　　　　步骤（21）贴黑眼珠

步骤（22）安眉毛　　　　步骤（23）安鼻子　　　　步骤（24）粘贴小胡子

步骤（25）做两个圆耳　　　　步骤（26）扎上耳朵　　　　步骤（27）让老鼠抱着花生
朵，并搭配其他颜色装饰

步骤（28）做两个水滴形小胳膊

步骤（29）摆好胳膊造型

步骤（30）压出指纹

步骤（31）搓出两头尖的绿色长条

步骤（32）握弯（两叶草）

步骤（33）继续搓出第三片叶子（三叶草）

步骤（34）三叶草完成图

步骤（35）装饰小老鼠

步骤（36）老鼠完成图

猫头鹰

步骤（1）调出深浅不同的蓝色

步骤（2）用浅蓝色面团制作猫头鹰的身体

步骤（3）做眼睛。将蓝色面团揉圆

步骤（4）放置左手心，轻轻压扁

步骤（5）用拨子压出"米"字放射线

步骤（6）依次组合上浅蓝色、白色扁圆，粘上黑色眼珠

步骤（7）先将眼睛并排固定好

步骤(8) 将蓝色面团搓成胖水滴形做嘴巴下方的肉坠

步骤(9)将黄色面团搓水形，用拨子的尖头斜扎出鼻孔

步骤（10）粘上猫头鹰的肉坠和鼻子

步骤(11) 将蓝色面团搓成胖水滴形，压扁平，用拨子划出羽毛纹

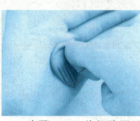

步骤（12）将翅膀置于左手心，弯曲食指，用关节骨压凹翅膀内侧

步骤（13）在身体两侧安好翅膀

步骤（14）将黑色面团搓成枣核形

步骤（15）将黑色枣核形弯曲向上，固定在头顶上

步骤（16）将白色面团搓椭圆形并压扁（大约厚0.3cm），粘在肚皮上

步骤（17）斜剪出羽毛，每一层要错开

步骤（18）将黄色面团搓成小水滴形，用拨子压横纹

步骤（19）三个组合成爪

步骤（20）将爪装在身体底部

步骤（21）猫头鹰完成图

蛇

步骤（1）几种颜色揉在一起，呈枣核形

步骤（2）顺着一个方向搓花条

步骤（3）切掉细的一端

步骤（4）折回作为蛇头，蛇头捏尖

步骤（5）用剪子剪开蛇嘴

步骤（6）取少许红色，搓细水滴

步骤（7）蛇信子。弯曲成两叶草

步骤（8）把信子安进蛇嘴

步骤（9）把蛇嘴捏严、捏尖（舌头呈三角形）

步骤（10）摆好造型

步骤（11）在眼睛处扎孔

步骤（12）粘贴眼白

步骤（13）粘贴黑眼珠

步骤（14）揉搓细枣核形

步骤（15）弯折回像英语字母"v"

步骤（16）揉搓成英语字母"y"

步骤（17）弯折成像英语字母"w"

步骤（18）粘贴三叶草

步骤（19）拨子刃压出草纹

步骤（20）粘贴红色小花装饰

步骤（21）蛇完成图

第三篇 步骤图

兔子

步骤（1）取适量白色面团

步骤（2）包裹竹签

步骤（3）水滴压扁，粘贴肚皮

步骤（4）粘贴兔腿

步骤（5）压出脚趾

步骤（6）揉圆形脑袋

步骤（7）粘贴好头部

步骤（8）做水滴形尾巴

步骤（9）三叶草做兔胡子

步骤（10）粘贴胡子

步骤（11）圆形面料做好下巴

步骤（12）压出嘴形

步骤（13）粘贴眼睛、鼻子、眉毛

步骤（14）揉搓桔色长水滴

步骤（15）绿色的面向右延展

步骤（16）用拨子尖拨
挑碎花

步骤（17）粘贴胡萝卜叶茎

步骤（18）压出胡萝卜
装饰花纹和斑点

步骤（19）给兔子做造型

步骤（20）胖水滴做兔耳朵

步骤（21）用兔耳朵固
定住胡萝卜

步骤（22）做兔子胳膊

步骤（23）粘贴胳膊，
摆好造型

步骤（24）兔子完成图

熊猫

步骤（1）揉球

步骤（2）将面团插到竹签上

步骤（3）用拨子压出头部

步骤（4）用手整理出头形

步骤（5）压出眼窝的位置

步骤（6）做出眼窝

步骤（7）贴椭圆形的黑眼圈

步骤（8）贴眼白

步骤（9）贴黑眼珠

步骤（10）贴圆形黑鼻子

步骤（11）用拨子尖切出嘴形，扎嘴角

步骤（12）做出椭圆形的耳朵

步骤（13）做出腿和脚掌的形状，整形

步骤（14）将腿粘贴到身体的下方

步骤（15）压出腿关节

步骤（16）做出两条腿后，整形

步骤（17）搓出胳膊后，两头压扁并压出手指

步骤（18）粘贴双臂，整形

步骤（19）做尾巴　　　　　步骤（20）摆好动作后，
　　　　　　　　　　　　　可做些竹子做装饰

猪

步骤（1）取适量白色、　步骤（2）混成后的肉色　步骤（3）肉色面团包裹竹签
粉色面团混色

步骤（4）粘贴肚皮　　　步骤（5）先"7"后"2"　步骤（6）把腿粘贴好
　　　　　　　　　　　做好腿，安上黑色猪蹄

步骤（7）把猪蹄剪好　　步骤（8）做水滴形尾巴　步骤（9）粘贴猪尾

步骤（10）揉球做出头部

步骤（11）用圆形面料做两腮

步骤（12）粘贴两腮

步骤（13）圆形面料做好下巴

步骤（14）胖水滴形做鼻子

步骤（15）装饰鼻子，扎猪鼻孔

步骤（16）压出鼻子上的纹线

步骤（17）一扎一压做出嘴

步骤（18）粘贴眼白、黑眼仁、眉毛

步骤（19）胖水滴压扁做耳朵

步骤（20）弯折做耳朵造型

步骤（21）粘贴耳朵

步骤（22）粘贴花朵，装饰

步骤（23）做胳膊搓条安黑色猪蹄

步骤（24）粘贴胳膊，摆好造型

步骤（25）猪完成图

龙

步骤（1）揉搓出龙身体的基本形细长水滴

步骤（2）盘出龙的基本形，注意动态

步骤（3）搓均匀的绿色长条

步骤（4）绿色长条粘贴在龙背上，从头到尾用手捏扁

步骤（5）用剪子剪出龙鳞

步骤（6）龙鳞完成

步骤（7）搓出若干个枣核形

步骤（8）折成两叶草

步骤（9）做出第一层龙尾

步骤（10）做出三层龙尾

步骤（11）剪好龙背鳍

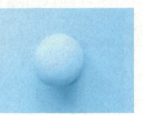
步骤（12）取桔色面团，备用

步骤（13）揉搓成椭圆形

步骤（14）弯折成龙头的雏形

步骤（15）取白色、粉色混合

步骤（16）白色、粉色混合后粘贴在龙嘴里

步骤（17）调整龙头方向，安蓝色嘴线，注意龙头和身体的比例

步骤（18）制作龙鼻

步骤（19）龙角。先搓成水滴状

步骤（20）末端剪开

步骤（21）粘贴龙鼻、龙角

步骤（22）制作龙眼

步骤（23）粘贴龙眼、眉毛、舌头等

步骤（24）两叶草作龙的第一层胡须

步骤（25）做出龙的三层胡须

步骤（26）揉搓两个细长条作龙的长须

步骤（27）在鼻子两侧安龙的长须

步骤（28）搓出两端尖、中间粗的长枣核形

步骤（29）弯折成一头长一头短

步骤（30）塑造出龙腿大形

步骤（31）剪出龙脚趾

步骤（32）安好龙爪，安三个或四个，依据龙形态而定

步骤（33）剪出龙腿上的鳞

步骤（34）装饰完成图

第三篇　步骤图

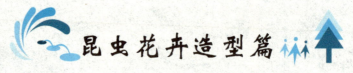
马蹄莲

步骤（1）取绿色面团揉圆

步骤（2）揉搓成细长条

步骤（3）白色粘贴在绿条一端，呈椭圆形形状

步骤（4）笔端搓出尖，呈胖水滴形状

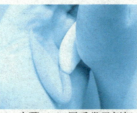

步骤（5）用手掌里侧把胖水滴压扁

步骤（6）胖水滴压扁后的扁平形状

步骤（7）用滚子在花瓣上扎洞

步骤（8）滚子滚压花瓣

步骤（9）将花瓣边缘捏薄

步骤（10）取少量黄色面团搓成细长水滴

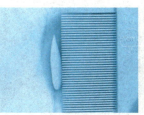
步骤（11）用梳子滚压表面

步骤（12）装入花蕊，滚子沿花瓣四周略推，调整花形

步骤（13）取少量绿色面团揉搓成叶形

步骤（14）压出叶脉纹

步骤（15）安好叶子，调整叶子方向

步骤（16）马蹄莲完成图

玫瑰

步骤（1）取适量黄色揉搓成胖水滴

步骤（2）压成薄片

步骤（3）裹住花心

步骤（4）两片花瓣之间外包一片花瓣

步骤（5）花瓣之间不要贴得过紧要留有余地

步骤（6）取适量绿色揉搓成细长水滴

步骤（7）压成薄片

步骤（8）压出叶边线

步骤（9）压出叶脉

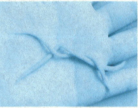
步骤（10）两条绿色细长条扭成花茎

步骤（11）玫瑰花完成图

月季

步骤（1）取肉色面团揉搓成椭圆形

步骤（2）边缘捏薄

步骤（3）从右往左轻轻卷出花心

步骤（4）做花瓣,压扁

步骤（5）边缘捏薄

步骤（6）包花心

步骤（7）顺时针包第一层花瓣

步骤（8）包4?5 片花瓣

步骤（9）顺时针包第二层半开花瓣

步骤（10）最边缘花瓣需要调整花形，才能继续下一瓣

步骤（11）边缘花瓣4-5片花瓣

步骤（12）花瓣四周略捏，调整花形

步骤（13）月季完成图

步骤（14）组合（1）

步骤（15）组合（2）

蝴蝶

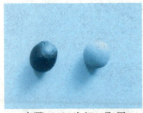

步骤（1）头部。取黑色、浅棕色面团，搓彩条

步骤（2）搓好的彩团

步骤（3）准备眼睛所用面团

步骤（4）粘贴蝴蝶眼睛

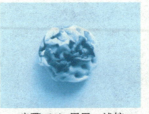

步骤（5）用黑、浅棕色、白色混合做蝴蝶胸部

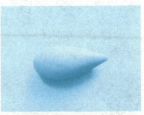

步骤（6）揉搓出胖水滴的蝴蝶腹部

步骤（7）白色延展

步骤（8）拨挑出碎花

步骤（9）碎花装饰蝴蝶腹部

步骤（10）头胸腹粘贴组合在一起

步骤（11）搓出细长条触角

步骤（12）粘贴触角

童心玩捏面塑　巧手融汇古今

步骤（13）桔色和黄色混合做成翅膀颜色

步骤（14）混合后样子

步骤（15）修剪蝴蝶的大翅膀

步骤（16）修剪蝴蝶的小翅膀

步骤（17）搓黑色细长条备用

步骤（18）蝴蝶翅膀用黑色细长条包边

步骤（19）揉搓黑色水滴形、圆形备用

步骤（20）黑色水滴形、圆形小球装饰翅膀

步骤（21）揉搓蓝色水滴形、圆形备用

步骤（22）蓝色水滴形、圆形小球装饰翅膀

步骤（23）蝴蝶翅膀末梢短尾

步骤（24）粘贴短尾

步骤（25）蝴蝶翅膀上涂抹金粉

步骤（26）蝴蝶完成图

蚂蚁

步骤（1）取黑色面团，揉搓成胖水滴

步骤（2）准备眼睛所用的面团

步骤（3）粘贴好眼睛

步骤（4）触角搓成细长条

步骤（5）粘贴好触角

步骤（6）揉出圆形蚂蚁胸

步骤（7）揉搓胖水滴形腹部

步骤（8）压出腹部纹线

步骤（9）粘贴蚂蚁胸、腹

步骤（10）搓出六条细长条蚂蚁腿，折出腿形

步骤（11）安好蚂蚁腿

步骤（12）蚂蚁完成图

童心玩捏面塑　巧手融汇古今

瓢虫

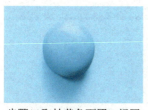
步骤(1)取桔黄色面团，揉圆

步骤(2)压成扁圆，分割中间

步骤（3）准备瓢虫斑点的黑色圆球

步骤（4）做出黑色斑纹

步骤（5）做出圆形瓢虫的胸

步骤（6）粘贴好瓢虫的胸

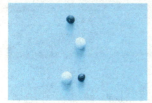
步骤（7）准备做眼睛的黑、白面团

步骤（8）粘贴眼睛

步骤（9）粘贴触角

步骤（10）搓出六根细长小腿

步骤（11）弯折出瓢虫的腿

步骤（12）粘贴腿

步骤（13）瓢虫完成图

抱鱼童子

童心玩捏面塑　巧手融汇古今

步骤（1）做出头部基本型

步骤（2）用拨子压出眼窝、眉弓、修整

步骤（3）用拨子尖慢慢将鼻梁挑起

步骤（4）搓条塞满鼻梁空隙、修整，多余的面切掉

步骤（5）挑上眼皮

步骤（6）黑、白两色制作眼睛

步骤（7）安眼睛

步骤（8）搓细条，安睫毛

步骤（9）塑形

步骤（10）搓眉毛

步骤（11）安眉毛

步骤（12）揉红色小球准备做嘴巴

步骤（14）塑造嘴形

步骤（15）修整下巴

步骤（16）把水滴形压扁
并继续压出头发纹

步骤（17）把头发安好

步骤（18）揉两个大小一
样的圆球准备做耳朵

步骤（19）安好耳朵

步骤（20）用塑面塑造身体

步骤（21）取绿色面团用
压板压薄

步骤（22）制作腿

步骤（23）绿色面片包腿

步骤（24）摆放腿的位置

步骤（25）塑腿形

步骤（26）桔红色面团压薄

步骤（27）包裹身体

步骤（28）塑形

第三篇 步骤图

步骤（29）浅蓝色面团搓成衣带长条 步骤（30）整理衣带，压纹 步骤（31）做胳膊

步骤（32）做手 步骤（33）把手组合，安好 步骤（34）搓长条、压扁做领子

  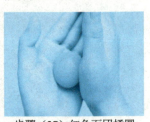

步骤（35）安装脖领、手臂 步骤（36）压出衣服皱褶 步骤（37）红色面团揉圆

步骤（38）做胖水滴 步骤（39）做细长水滴 步骤（40）粘贴在一起，做鱼的外形

步骤（41）制作椭圆形、压扁 步骤（42）粘贴在鱼头上 步骤（43）整理鱼头形状

童心玩捏面塑　巧手融汇古今

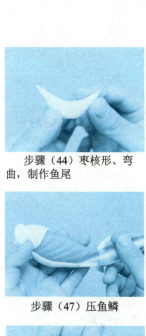

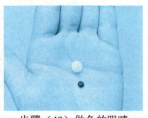

步骤（44）枣核形、弯曲，制作鱼尾

步骤（45）装鱼尾，压尾线

步骤（46）椭圆形压扁粘贴在鱼的下巴上

步骤（47）压鱼鳞

步骤（48）压鱼鳞，调整大形

步骤（49）做鱼的眼睛

步骤（50）搓细长条，做鱼的须子

步骤（51）安鱼须

步骤（52）做背鳍

步骤（53）粘贴背鳍

步骤（54）拨子压出背鳍纹线

步骤（55）胖水滴、压扁

步骤（56）安侧面鱼鳍和后面鱼鳍

步骤（57）鲤鱼完成图

步骤（58）童子、鲤鱼组合，整理

步骤（59）童子抱鲤鱼完成

三个和尚

步骤（1）配色

步骤（2）揉圆

步骤（3）做出胖和尚头部形状

步骤（4）压出眼窝、眉弓

步骤（5）安眼睛、眉毛

步骤（6）揉个小圆球做鼻子

步骤（7）揉同样大小的圆球

步骤（8）做出胖和尚的肥脸蛋

步骤（9）粘贴出下巴

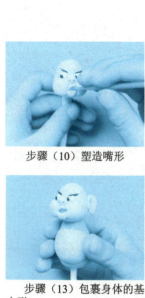  

步骤（10）塑造嘴形　　步骤（11）揉椭圆形的耳朵　　步骤（12）安耳朵

步骤（13）包裹身体的基本形　　步骤（14）胖水滴弯成脚的基本型　　步骤（15）粘贴黑边，塑出鞋型

步骤（16）搓细长条　　步骤（17）做出衣服内领　　步骤（18）安好脚

步骤（19）用压板压出衣服片　　步骤（20）包裹衣服　　步骤（21）整理衣服

步骤（22）搓出细长条、压扁　　步骤（23）粘贴好外衣领　　步骤（24）揉椭圆形，塑出袖子形状

步骤（25）压出衣纹

步骤（26）压出关节和袖纹

步骤（27）胖和尚完成图

步骤（28）三个和尚完成图

•••••••••••• 圣诞老人 ••••••••••••

步骤（1）做出圣诞老人
头部形象

步骤（2）压出眼窝及额
头部分

步骤（3）定好脸颊中线

步骤（4）粘贴蓝色眼睛

步骤（5）粘贴黑眼球

步骤（6）粘贴眉毛

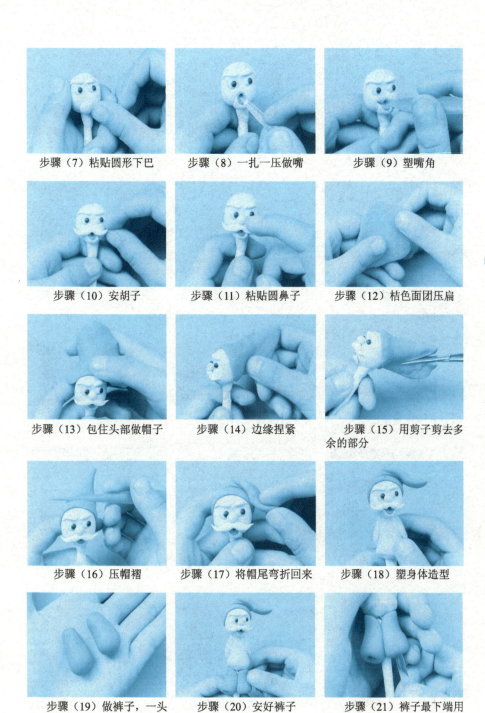

步骤（7）粘贴圆形下巴　　步骤（8）一扎一压做嘴　　步骤（9）塑嘴角

步骤（10）安胡子　　步骤（11）粘贴圆鼻子　　步骤（12）桔色面团压扁

步骤（13）包住头部做帽子　　步骤（14）边缘捏紧　　步骤（15）用剪子剪去多余的部分

步骤（16）压帽褶　　步骤（17）将帽尾弯折回来　　步骤（18）塑身体造型

步骤（19）做裤子，一头大一头小　　步骤（20）安好裤子　　步骤（21）裤子最下端用滚子滚出裤口

步骤（22）做出靴子

步骤（23）安好靴子

步骤（24）包裹外衣

步骤（25）整理衣形

步骤（26）压出腰线

步骤（27）搓黑色长条

步骤（28）压扁后粘贴腰带

步骤（29）粘贴脖领

步骤（30）做耳朵

步骤（31）胖水滴压扁后再修剪胡子形

步骤（32）粘贴胡子，压纹

步骤（33）延展白色

步骤（34）拨碎花

步骤（35）碎花装饰帽子边

步骤（36）做出老人的口袋步

步骤（37）做袖子

步骤（38）做手套

步骤（39）组装手臂、手套

步骤（40）安好手臂

步骤（41）做好胳膊造型

步骤（42）粘贴口袋

步骤（43）口袋里装上各种卡片纸做的礼物

步骤（44）圣诞老人完成图

足球小子

步骤（1）蓝、白两色面团

步骤（2）顺着一个方向搓花条

步骤（3）做上身

步骤（4）做腿

步骤（5）粘贴双腿，摆好造型，注意粘贴的先后次序

步骤（6）椭圆形，做脚

步骤（7）粘贴双脚

步骤（8）摆胳膊的造型

步骤（9）塑造手形

步骤（10）安手做造型

步骤（11）塑造头形，压好眼窝

步骤（12）安好眼睛和耳朵

步骤（13）圆形压扁，做头发

步骤（14）水滴形做头发帘

步骤（15）完成头的制作

步骤（16）塑造帽子形状

步骤（17）把帽子安在头上，整形

步骤（18）揉圆形然后压成半圆做足球

步骤（19）装饰足球上的纹饰

步骤（20）搓枣核形压扁后做片草

步骤（21）粘贴片草

步骤（22）在片草上压纹

步骤（23）足球小子完成图

汉堡包

步骤（1）取浅棕色面团，揉圆

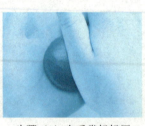

步骤（2）右手掌轻轻压

步骤（3）压成扁圆的面包块

步骤（4）做炸鸡块，取咖啡色面团、揉圆

步骤（5）用拨子尖挑出酥脆表皮

步骤（6）把炸鸡块和面包块粘贴在一起

步骤（7）取绿色和黄色面团

步骤（8）两个颜色掺和在一起

步骤（9）揉成浅绿色

步骤（10）用压板把浅绿色压平　　步骤（11）做生菜叶，用滚子滚边　　步骤（12）将叶子边缘捏薄

步骤（13）可重叠两层增加厚度　　步骤（14）将生菜放置在炸鸡块上　　步骤（15）沙拉酱。取白色，揉圆，压扁平

步骤（16）边缘用手指捏出流动感　　步骤（17）将沙拉酱放置在生菜叶上　　步骤（18）取白色，揉搓成小胖水滴

步骤（19）做几十粒胖水滴　　步骤（20）在面包上抹一层胶水，随意撒上芝麻，用手指按紧　　步骤（21）汉堡包完成图

薯条

 步骤（1）取桔红色面团，揉圆

 步骤（2）搓成椭圆形

 步骤（3）用压板压成椭圆形面片

 步骤（4）做薯条，黄色搓细长条

 步骤（5）用拨子刃切成数小段

 步骤（6）排布在压薄的桔色薄片上

 步骤（7）围成袋形收紧

 步骤（8）翻过来

 步骤（9）袋口贴黄色条装饰

 步骤（10）薯条完成图

饮料杯

步骤（1）取桔色色面团，揉圆

步骤（2）揉搓成胖水滴

步骤（3）做饮料杯。胖水滴稍压扁，两头压平面

步骤（4）搓白色长条

步骤（5）粘上白色做盖子

步骤（6）搓黄色细长条

步骤（7）围黄色条装饰

步骤（8）搓红、黄、白三色细长条

步骤（9）将红、黄、白三色细长条扭麻花

步骤（10）用拨子刃压弯折纹

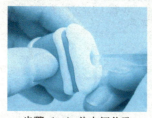

步骤（11）盖中间扎孔

步骤（12）将吸管插入空中

步骤（13）饮料杯完成图

水果蔬菜篇

童心玩捏面塑　巧手融汇古今

白菜

步骤（1）准备好白菜塑面基本形

步骤（2）搓出两头尖、中间肥的白菜叶

步骤（3）搓出水滴形的白菜叶子

步骤（4）白菜叶子的尖粘贴在白菜帮的中间偏下一点

步骤（5）粘贴好一边后，把菜叶弯回来

步骤（6）把菜叶捏薄

步骤（7）压出菜叶子上的装饰线

步骤（8）划出菜帮上的装饰线

步骤（9）把叶子安在基本形上

步骤（10）依次粘贴叶子　　　步骤（11）调整白菜的大形　　　步骤（12）搓长条叶子（白菜中间的菜叶）

步骤（13）压扁、压薄　　　步骤（14）压出菜叶子上的装饰线　　　步骤（15）弯曲折叠塑造叶子

步骤（16）把做好的叶子安在基本形上　　　步骤（17）整理做好的白菜叶　　　步骤（18）白色、黄色混合，备用

步骤（19）把揉好的浅黄色小面团粘贴在白菜根部　　　步骤（20）压出菜根的装饰线　　　步骤（21）白菜完成图

步骤（22）白菜组合图

黄瓜

步骤（1）取适量绿色面团，揉圆

步骤（2）搓成长条形，确定黄瓜把的长度

步骤（3）搓出细长形黄瓜把

步骤（4）用拨子划出装饰线

步骤（5）用拨子尖，挑出黄瓜刺

步骤（6）用拨子延展出薄片

步骤（7）拨出碎花

步骤（8）拨出的碎花，贴在黄瓜底部

步骤（9）黄瓜完成图

辣椒

步骤（1）取红色面团

步骤（2）搓成细水滴状

步骤（3）轻轻压出辣椒上的纹

步骤（4）辣椒尾部扎出小坑

步骤（5）取绿色小面团，揉圆、压扁

步骤（5）安在辣椒底部

步骤（6）压出简单纹

步骤（7）少许绿色做成辣椒茎

步骤（8）辣椒完成图

南瓜

步骤（1）红色和黄色混合

步骤（2）揉成橙色

步骤（3）压成棋子形（也叫扁圆形）

步骤（4）轻轻压出?米?字线

步骤（5）用滚子压出凹槽

步骤（6）少许绿色揉圆、压扁

步骤（7）塑出南瓜叶的形　　　步骤（8）安南瓜叶　　　步骤（9）少许绿色搓成
南瓜秆，粘上即可

步骤（10）南瓜完成图

葡萄

步骤（1）红色、蓝色混合　　　步骤（2）揉成紫色面团备用　　　步骤（3）搓出细长条葡萄秆

步骤（4）剪、捏葡萄秆　　　步骤（5）在纸上摆出造型　　　步骤（6）揉出椭圆形葡萄粒

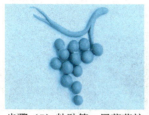
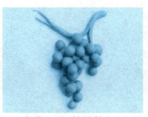

步骤（7）粘贴第一层葡萄粒　　步骤（8）粘贴第二层、　　步骤（9）搓胖水滴
　　　　　　　　　　　　　　　三层葡萄粒

步骤（10）剪出葡萄叶形　　步骤（11）压出葡萄叶脉　　步骤（12）安好葡萄叶

步骤（13）搓细长条，然　　步骤（14）葡萄完成图
后用牙签卷好

茄子

步骤（1）红色和蓝色面　　步骤（2）揉好的紫色面团　　步骤（3）搓成水滴形
团揉成紫色面团

步骤（4）调整长茄子的形状

步骤（5）取绿色面团，搓成两片茄子叶形

步骤（6）两片叶子交叉，塑造出茄子尾部

步骤（7）取少许绿色和黑色面团混合做出茄子秆

步骤（8）安好茄子秆

步骤（9）茄子完成图

水蜜桃

步骤（1）本色面、浅蓝色、柠檬黄混合

步骤（2）揉成淡青色面团

步骤（3）取少量枚红色放在淡青色面团上

步骤（4）左手捏住桃子，右手拇指往下轻轻捋

步骤（5）捏出桃尖

步骤（6）压出桃子凹槽

步骤（7）搓细水滴形　　　　步骤（8）压扁、压薄　　　　步骤（9）压出桃叶的叶脉

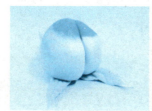

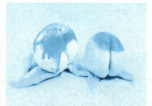

步骤（10）粘贴好桃叶　　　　步骤（11）水蜜桃完成图

鸭梨

步骤（1）黄色面团揉成球状　　步骤（2）再揉成梨的形状　　步骤（3）一端用滚子按出小坑

步骤（4）少许黑色面团搓出鸭梨蒂　　步骤（5）安好鸭梨蒂　　步骤（6）少许棕色和黑色混合，做出鸭梨脐

步骤（7）鸭梨完成图

玉米

步骤（1）取黄色面团

步骤（2）搓成均匀的细长条

步骤（3）用梳子轻轻压住长条

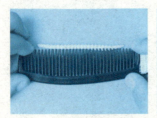

步骤（4）慢慢滚出玉米粒

步骤（5）准备好玉米塑面的基本形

步骤（6）把玉米条安在玉米棒上

步骤（7）包好的玉米棒

步骤（8）搓出细细的玉米须子

步骤（9）安玉米须子

童心玩捏面塑 巧手融汇古今

步骤（10）搓出水滴形的叶子

步骤（11）压扁

步骤（12）粘贴在玉米上

步骤（13）划出玉米叶上的纹

步骤（14）安好玉米短把

步骤（15）压出短把纹

步骤（16）玉米完成图

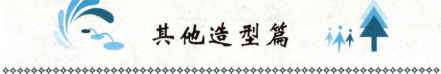

其他造型篇

房子

童心玩捏面塑　巧手融汇古今

步骤（1）取蓝色面团揉圆

步骤（2）压扁做房地基

步骤（3）桔黄色面团揉搓成长条

步骤（4）桔黄色盘在蓝色地基上（第一层）

步骤（5）棕色面团揉搓成细长条

步骤（6）切成段

步骤（7）白色搓成细长条，切成段

步骤（8）切好的棕色、白色砖

步骤（9）将棕色、白色砖隔色码放（第二层）

步骤（10）桔黄色搓条，继续码放（第三层）

步骤（11）继续码放棕色、白色砖（第四层）

步骤（12）圆柱形房子

步骤（13）绿色扁圆和白色长条备用

步骤（14）窗子。将白色长条围在绿色扁圆上

步骤（15）压出窗棱

步骤（16）粘贴窗户

步骤（17）调整好窗户的位置

步骤（18）取浅粉色面团，搓成圆柱形

步骤（19）蓝色细长条围边

步骤（20）压扁平，修剪门形

步骤（21）安门把手

步骤（22）调整门的位置

步骤（23）屋顶。做成草帽的大型

步骤（24）捏出房顶的房脊

步骤（25）剪出屋檐花边

步骤（26）添加屋顶装饰

步骤（27）安好屋顶

步骤（28）蓝白两色混合

步骤（29）做好石阶

步骤（30）房子完成图

汽车

步骤（1）取桔红色面团揉成圆形

步骤（2）将揉好的面球用两手拇指和食指配合，压塑出长方体

步骤（3）方形体的外侧面线要直，平面要平整

步骤（4）去蓝色面团揉成圆形

步骤（5）同样方法压塑出长方形

步骤（6）两个长方体组合

童心玩捏面塑　巧手融汇古今

步骤（7）揉六个大小相等的圆形　　步骤（8）分别揉搓成小面条　　步骤（9）将红色面条粘贴好

  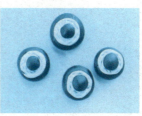

步骤（10）多余的部分可以折到车顶上　　步骤（11）黑色圆球上粘贴灰色轮廓，并压出花纹　　步骤（12）做出四个轮子

步骤（13）安好车轮　　步骤（14）黄色面团揉搓成细长条　　步骤（15）黄色细长条装饰车身

步骤（16）安好车灯、反光镜等装饰

第四篇　精品赏析

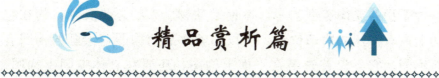

精品赏析篇

一、如何赏析面塑作品

　　面塑是一种立体的造型艺术，它的创作和捏制涉及题材构思、材质的选用、色彩的搭配、意境的追求、构图设计、技法的运用等要素。一件优秀的面塑作品一定出自于娴熟精练的技法，拥有新颖的主题、优良的材质、完美的构图、独具匠心的造型、虚实结合的意境。赏析面塑作品一般也是从以上这几个基本要素出发，零距离"触摸"作品外在造型美和构图美，以此贴近作品背后蕴含的主题思想，达到与作者的共鸣，获得精神上的审美愉悦。一件好的面塑作品势必要具有以下几个特征：

（一）作品题材新颖别致

　　题材是任何一件艺术作品所蕴含的主题思想和内容。如果没有一定的题材，面塑作品将显得空有躯壳而没有实质内容，更谈不上主题思想的表达。除了与民众日常生活紧密相连的民间面塑外，面塑作品的题材范围比较大，如宗教信仰类：佛祖、观音、钟馗、八仙、福禄寿三星等；文学名著中人物及故事类：西游记中的孙悟空、猪八戒，杨家将中的穆桂英等；历史人物类：孔子、孟子、关羽、包公、霸王别姬等；日常生活类：老北京民俗人物、蔬菜水果制作等。对于宗教信仰、文学经典、神话传说等题材，虽然各种形式的艺术题材都有所刻画和描写，但优秀的面塑作品往往要经过作者对这些题材的理解和深思熟虑后，以一种新颖的视角进行艺术构思和创作，以表达作者对经典题材的理解与思考。

（二）作品构图完美和谐

　　所有艺术门类都讲究构图。构图是画面的一种空间和方位的处理和置放，是稳定画面和构建画面和谐美的重要手段。面塑是一种微型的立体造型艺术，不论是动物、人物还是其他，均在空间上占有一定的物理位置，所以面塑作品的构图与绘画的构图有所不同。它不仅首先要在平面上构图，还要在立体空间上构图。构图视角要考虑平面和立体、横向和纵向的交叉构图方式，以获得完美和谐的构图效果。在面塑作品的立体构图上，必须注意面塑个体、部位的错落有序，构图要求稳定平衡，避免重复单调。

（三）作品造型独具匠心

好的面塑作品一定有好的造型。面塑是捏制的微型"雕塑"艺术，非常讲究造型美。好的题材必须由好的造型来表达。如果说构图对面塑群像有更高的要求，那么造型则对单个的塑像有着严格的要求。一般来讲，人们赏析面塑作品时，首先受到的是视觉上的冲击，这些冲击包括色彩、造型和构图等；其次是受到心灵上的冲击，这就是主题和意境美的效果。这样从外到内、从表面到深层逐步完成面塑艺术的审美体验和教育。所以，造型对于面塑作品的赏析和评价具有重要的意义。

（四）作品色彩合理搭配

如果说面塑作品的视觉效果源于其独特的造型，那么造型的视觉效果则主要源于色彩及其搭配。人们赏析一件面塑作品时，其外在的色彩是吸引眼球最大的要素。所以与题材和造型一样，面塑作品的色彩及其搭配在创作中占有非常重要的位置。创作者要根据创作的主题进行合理的色彩选择和搭配，以获得最佳的艺术美。

（五）作品意境妙曼脱俗

意境是面塑艺术作品通过造型、色彩等表现出来的境界和情调，是面塑主题表达过程中呈现的情境交融、虚实相生的景象。对景象的把握要达到"情与景汇，意与象通"，这一点既是面塑创作的依据，也是欣赏面塑作品的依据。

二、名家作品赏析

花供（仿真面塑）

花供在我国由来已久，鲁西南菏泽民间早在隋唐时代，就出现了用面模仿实物来祭祀祖上神灵。山东何晓铮先生将原来的花供做成原物大小，更逼真，形成仿真面塑系列，同时将民间花供这一即将失传的技艺得以恢复和发展。

《送你一道菜》

《仿真花供——脆皮烤鸭》

《仿真花供——红烧肘子》

《仿真花供——清蒸蟹子》

《仿真花供——橙子、橘》

《仿真花供——山东冬枣》

大形面塑

在中国各地有大量形态各异的观音艺术形象，如自在观音、渡海观音、披发观音、空身观音、三面观音、数珠观音、掌印观音、持瓶观音等。这些观音造型要么博衣宽带，长袖飘飘；要么赤足短袖，神情慈祥端庄；要么提篮持瓶，救苦救难……给人以超然无边的法力和魅力的综合之美。

观音为普度众生，可变化多种形象，视世人不同处境与需要变化，千手观音亦是观音变化的一种形式，亦有千手千

《大形面塑》——千手观音
66cm×55cm

眼之说。佛教造型中的千手观音，实际上一般仅有四十二只手。塑像极少塑千手，寻常有多只手臂各执不同法器、宝物，彰显观音法力无边及其功力。但一般十四只手以上称千手观音，十四只手以下直呼其手臂数，而手臂均为双数，此千手观音为二十四只手臂。

肖像面塑

穆仁智：

穆仁智——电影《白毛女》中的一个主要反派角色，黄世仁家的管家，狗腿子。

黄世仁：

黄世仁，电影《白毛女》中的一个主要反派角色，是

新中国银幕上第一个地主形象，是坏地主老财的代表人物，象征着封建地主阶级长期压榨穷苦百姓的形象。

传统面塑

孔子见老子在中华文明史上是一件大事。鲁昭公二十四年（公元前 518 年），孔子时年 32 岁，西度周都邑（洛阳）去会见已过花甲的老子（老子时年 62 岁）。

孔子是最有名的教育家、思想家，在学术领域有系统、精辟的独特见解。老子是著名的思想家、哲人。该作品展现了孔子正手执竹简向老子请教。

韦陀

韦陀为寺庙的守护神，也有称为驮者，梵语塞建陀。佛教所述，弥勒佛有四大护卫及四大天王，而每位天王麾下有八位勇猛的天神，它本属南方增长天王麾礼青手下，韦陀是三十二占神中最出色、最勇猛的天神，所以韦陀一般就代表了护卫天神。韦陀手持金钢杵的是云游僧不可随便进入的庙宇；韦陀手捧金刚杵的是可随便挂单的寺庙。本作品刻画的是前一种。

济公（1130年—1209年）

原名李修元，南宋高僧，台山永宁村人。他破帽破扇破鞋垢衲衣，貌似疯颠。初在杭州灵隐寺出家，后住净慈寺，不受戒律拘束，嗜好酒肉，举止似痴若狂，其实是一位学问渊博、行善积德的得道高僧，被列为禅宗第五十祖，杨岐派第六祖，撰有《镌峰语录》10卷，还有很多诗作，主要收录在《净慈寺志》《台山梵响》中。懂医术，为百姓治愈了不少疑难杂症。他好打不平，息人之争，救人之命。他的扶危济困、除暴安良、彰善罚恶等种种美德，在人们的心目中留下了独特而美好的印象。

附件一：翠微小学面塑校本课程开发方案

一、开发目的及依据

(一)开发目的

1. 弘扬传统民间艺术，积淀学生的传统文化素养

小学美术国家课程标准中明确提出美术课程的价值之一就在于：引导学生参与文化的传承与交流。作为我国古朴民间艺术之一的面塑具有可塑性强、想象空间大、艺术成分高等特点，并且以其生动、活泼、趣味的艺术形式深受学生的喜爱。将面塑课程引入小学课堂教学之中，目的不止在于让学生习得面塑制作的技艺，更重要的在于帮助学生既能够在面塑学习中涵养艺术底蕴，同时能够在享受艺术熏陶的同时领略我国传统的民间文化，积极参与文化的传承，并对传统民间文化的发展做出自己的贡献。

2. 实现更多学生的个性化发展

面塑是一种立体的造型艺术，它的创作和捏制涉及题材构思、材质的选用、色彩的搭配、意境的追求、构图设计、技法的运用等要素。一件优秀的面塑作品一定出自于娴熟精练的技法，拥有新颖的主题、优良的材质、完美的构图、独具匠心的造型、虚实结合的意境。由此，在面塑的创作过程中，学生能自由、充分地发挥自己的想象力、创作力和表现力，从而利于学生个性的健康发展。在面塑教学实践中，内容表现的自由性、评价标准的多样性，为学生提供了创造活动最适宜的环境，从而利于学生创新精神和实践能力的培养。故而，开发面塑校本课程的核心宗旨在于帮助学生拓展知识、提升能力、彰显个性、涵养底蕴，进而实现更为丰富和更为主动的个性化发展。

3. 落实翠微小学文化办学的理念

对于已经进入文化办学时期的翠微小学来说，以文化建设引领学校的内涵发展已经成为了学校领导与教职员工的共识。2009年，学校审时度势地确立了发展的理想构图："明德至翠，笃行于微"是翠微小学的校训；"培养明德笃行的阳光少年"是翠微小学的培养目标；"创建受社会广泛认可的'翠微教育'品牌学校"是翠微小学的办学目标。这一具有高度凝练性与前瞻性的办学理念体系为学校的发展指引了方向，也规定了学校发展的文化特质。但是，如何彰显这一文化特质？很显然，光靠理念传诵、物质的堆砌是远远不够的，课堂教学才是学校发展的主渠道。而校本课程建设则又是凝练文化特色、反映文化品位的一条捷径。此次面塑校本课程开发正呼应了这一文化发展的主题，丰盈了翠微小学文化品味与特色的探索之旅。

4. 完善翠微小学"国家、地方、学校三级课程体系"

"实行国家、地方、学校三级课程管理"是贯彻落实教育部《基础教育课程改革纲要（试行）》（教基 2001[17]号）文件精神的重要举措，也是中小学基础教育课程改革的重要内容之一。基于此，完善国家、地方、学校三级课程体系同样成为翠微小学课程改革与完善的基本要求。经过几年的探索与学习，我们逐渐认识到：达到这一要求的关键就在于合理调整国家课程、地方课程及校本课程的比例与结构。如何合理调整？一直以来，翠微小学认真贯彻执行国家课程，并且在保证国家课程开足、开齐的情况下，因地制宜地开设了地方课程，不仅活跃了课程体系，而且带动了课堂教学的发展。但是，经过总结与反思，我们形成这样一个共识，即一个全面、稳定、活跃的课程体系，不仅需要国家课程作为基础，不仅需要地方课程作为点缀，还需要校本课程作为补充，从而达到课程体系的丰富和完善。面塑校本课程开发正是这一理性思考之下的实践举措之一。

(二)开发依据

1. 政策依据

翠微小学面塑校本课程开发与建设是认真贯彻教育部《基础教育课程改革纲要(试行)》(教基 2001[17]号)精神、《北京市教育委员会关于加强义务教育课程管理推进课程整体建设的意见》(京教基[2009]19 号)和《海淀区中小学校本课程开发与实施指导意见》(海教发[2010]19 号)的一次学校层面的实践。本课程的开发与建设是在我校美术课程教学充分完成国家规定的美术课程与教学任务的基础之上，根据学校的实际和学生的发展需求而进行的一次有益尝试，同时也是对国家美术课程的一次拓展与深化，帮助学生不仅学会欣赏美、表达美、创作美，同时也能够弘扬传统文化、提升德性修养。

2. 学生需求评估

鉴于校本课程开发的系统性、针对性与科学性，在开发的前期我们非常关注学生的兴趣需求与偏好，而且，早在兴趣课程的初始阶段，我们就对全校三、四年级全体学生进行了问卷调查，以了解和掌握这一年龄阶段的孩子对面塑的兴趣以及知识储备情况。经过数据统计分析，我们发现大多数学生的的认知基础符合面塑课程的学习要求，学生们对面塑课程的开设具有极为浓厚的兴趣。这一点在最近几年的面塑兴趣课堂中也得到了很好的印证，并且成为了面塑课程走向成熟的最为持久的动力源泉。

3. 高水平的师资

富有学校个性特征的校本课程的开设必然要求拥有具有个性化特征的师资。我校面塑课程主要由姚惠敏老师承担。姚惠敏老师师从山东何派大师何晓锋先生及面塑传人潘大鸿先生。何派面塑的作品清雅宜人，温馨明净，面塑题材涉及古今中外、男女老少、五行八作，十分广泛，其中最富特色的就是其作品包含着浓

童心玩捏面塑　巧手融汇古今

郁的儿童特色与风格。姚惠敏老师从事教育工作 18 年，对小学面塑教育有着独到的研究和见解，曾参与全国义务教育课程标准美术实验教材的编写，多次为北京市农村中小学教师研究工作站集中培训"面塑教学"，先后有《童心捏面塑 巧手融古今》、《为了孩子的梦想》等 40 余篇文章分别获全国、北京市一等奖，并多篇文章在《小学美术教学研究》、《学与玩》等刊物发表。深厚的面塑文化底蕴以及扎实的教学和研究能力为面塑课程的精品化建设提供了最有力的保障。

4. 丰厚的课程资源

面塑课程在我校开设已经多年，最开始是以兴趣课程的形式出现。在兴趣课程阶段，面塑课程就取得了一系列的成果，每年学生的作品都会参加各种大型教育展览，在充满着民间文化气息和文化品位的展台上，几百件造型丰富、稚拙可爱的面塑作品极大地激发了中外来宾和参观者的观赏兴趣。这些作品不仅表现内容丰富，而且造型生动有趣，充分展示了学生们独特的审美视角和创造才能，为如今面塑校本课程的开发积累了丰厚的资源。与此同时，学校还积极参加课题研究，探索以民间艺术为载体的教育特色，参与了北京非物质文化遗产山东何氏面塑教学试验课题《小学民间艺术教育系统工程研究》，旨在利用课题的帮助进行面塑课程与教学的创新。

二、课程性质、目的及开课对象

（一）课程性质

校本限定必修课。

（二）开课目的

翠微小学开发面塑校本课程的目的主要体现在两个方面：首先，进一步深化学校艺术教育特色，多样化地挖掘与发挥学校的美育功能，提升学生的审美意识、审美能力与审美情怀。其次，自古以来，"修德在先，学艺在后"，面塑课程并不着意让每一位学生通过学习之后都成为面塑大师，它重在让学生在"人人识面，人人玩面"的过程中感受我国传统的民间艺术与文化，并尝试践行面塑大师身上秉持的"淡泊"、"坚持"、"精益求精"的德行与精神！

（三）开课对象

面塑课程的开课对象为翠微小学三年级学生。

面塑课程与教学重在普及，旨在做到"人人识面，人人玩面"。三年级的学生年龄在八岁左右，生性活泼好动，喜欢直观形象思维，抽象思维萌芽，并且有了一定的绘画经验，大部分学生对美术活动保持着强烈的热情，乐于学习和尝试新颖的表现手段，在成就感的推动下能将这种热情持续很久。而且三年级是学生形成自信心的关键期，他们在学习面塑课程时会发现自身的价值，产生兴奋感、自豪感，对自己充满信心，甚至有的还表现出强烈的自我确定感，并开始拥有自我主张。总体而言，三年级是学生从小学低年级向中高年级过渡的阶段，这一时期学生的想象能力、动手能力、自我调节能力等的发展对今后高年级创新能力的发展具有关键作用。因此，将三年级学生作为面塑课程的开课对象是科学的、合理的。

三、课程目标定位

（一）情感、态度与价值观目标

通过面塑艺术的学习，激发学生对民间传统艺术的学习与探究的兴趣与愿望，树立一种对待传统艺术文化的科学、辩证的态度。通过面塑学习与实践，培养学生的实践精神、创新意识、合作品质等。

（二）过程与方法目标

在面塑基本认识的基础之上，感受面性，逐步掌握各种工具的用法，并能开始动手制作。能够综合运用所学的面塑知识、科学知识、综合实践知识等，初步理解面塑制作的要点和精髓。在课堂实践中，能够根据主题，与同伴进行有效的合作，掌握合作的方法和技巧，提升合作的意识和能力。

(三)知识与能力目标

了解面塑的基本知识，初步掌握面塑的基本技法，学会根据要求和自己的理解表现身边所见所闻、所感所想的事物，或者开展趣味性的临摹制作，培养学生知识、技巧的迁移能力、综合实践和创新能力。

学会欣赏面塑艺术，能够初步掌握鉴赏面塑艺术的技巧，提升艺术鉴赏能力和品位。

四、课程开发的基本原则

(一)统一性原则

统一性原则是面塑校本课程开发与实施的宏观要求。面塑校本课程的开发与实施是带有情境性的，即面塑校本课程是美术课程体系之中的校本课程，是翠微小学的校本课程。那么，这种情境性势必要求面塑课程的开发与实施要达到几个一致，分别为：与学校的办学理念、文化价值追求相一致；与学校整体的课程发展规划相一致；与其他学科的课程与教学相一致。达到这三个一致，面塑校本课程的开发与实施才称得上是合理的、科学的、和谐的，否则，便失去了可持续发展的根基。

(二)针对性原则

针对性原则是面塑校本课程开发与实施具体操作过程中的指针。我们可以从两个维度来理解这一原则。首先，在内容的选材与组织上，要针对学科特点，有效地将面塑较为抽象化的知识结构转化为直观的，小学生通俗易懂，容易理解和掌握的知识结构，并能够以三年级学生喜闻乐见的形式呈现出学习内容。其次，在目标定位和方式、方法的选择上，要针对三年级学生的兴趣需要和学习特点与规律，充分运用多种课程组织策略，比如讲授策略、活动策略、合作学习策略等，目的就在于保证课堂教学的高效。

(三)实践性原则

作为一项以动手实践为主要特征的课程，实践性原则是面塑校本课程开发与实施的应有之义。实践性原则具有两方面的内涵：首先，有效落实面塑课程的实践性特征，在面塑实践中逐渐丰富学生的知识，培养学生的能力和品质。其次，实践性原则又可以理解为开放性原则或者过程性原则，即面塑校本课程的开发是在过程中完成的，是在不断的实践与反思之中走向完善的。因此，校本课程开发的过程中，我们的心态一定是开放的，应该随时接纳一些合理的意见和建议，在过程中有效地进行反思性改进。

(四)创新性原则

创新性原则是实践性原则的进一步深化。面塑校本课程开发是在国家美术课程基础之上的一种探索与实践，是普遍与常规之上的特色突破。要形成和持有这种特色，在探索与实践中就要不断地进行超越与创新。不管是在理念的定位上，课程内容的更新上，还是在教学方法和策略的选择上，都存在着创新点。但是，同时我们要时刻谨记：创新不是一味地求新、求异，成熟的创新应该是在继承原有基础之上的一种上升和飞跃，只有辩证地运用好这一原则，我们的面塑校本课程才能在稳定、有序中走向科学持久的发展。

五、课程的实施

(一)实施原则

在实施校本课程中要突出体现三个结合：一是国家课程与校本课程相结合，使国家课程与校本课程相互补充、相互渗透，形成整体，基础扎实，个性特长得到充分发展；二是学校教育与社区教育相结合，打破只有在学校才能受到教育的传统观念，活动内容根据有效性进行选择；三是校本课程评价与学科评价并重，促进学生健康、全面的发展。

（二）实施支持与保障

1. 培训支持

学校会定期组织相关教师参加培训，主题涉及学校文化建设、校本课程建设、教学法培训等，比如，为引导学生了解和认识传统美术文化，继承和发扬传统优秀美术文化，学校不定期邀请民间艺人走进课堂，为面塑的有效教学提供有力保障。培训方式可以采取专家进校的方式，也可以采取校外培训的方式，具体视情况而定。

2. 资金保障

学校每年设立专项资金五千元，用于面塑校本课程的开发与实施、教师培训、对外交流、材料与书籍的购置等。教师在课程开发与实施过程中必需的费用有权申报，得到校本课程委员会的审核批准后，必须专项使用。

3. 教学用地设置

学校三个分校均设置了面塑专业教室，教室配置均达到国家相关要求，符合国家有关安全标准和相关功能规定。同时，学校将会根据需求进一步加强专用教室的建设和维修，并力求做到根据课程需要及时添置与更新面塑设备。

4. 氛围营造

学校已经进入了文化办学时期，学校文化的价值追求正通过各种各样的途径内化为每一位师生的价值追求，而且取得了初步良好的效果。随着学校课程总体规划的出台，学校内部整体的课程生态现在进入一种活力彰显时期。民乐课程已经初见成效，篮球课程也在成型时期，而国画、书法和篆刻也都在积极的准备期。这些，无疑为面塑校本课程的开发与实施提供了一个优良的课程文化生态，共同推进面塑课程走向成熟。

六、课程的管理

(一)成立翠微小学面塑校本课程管理委员会

遵循校本课程开发与管理相结合的原则，保障翠微小学面塑校本课程的顺利开发与实施，特成立了以校长为组长的校本课程管理委员会，负责校本课程的指导、审议、监督、评估等工作。翠微小学面塑校本课程开发成员及分工如下。

组　　长：张彦祥

副组长：周金萍 孟桂民

成　　员：姚惠敏、黄有光、文亚

(二)建立美术校本课程管理制度

建立翠微小学校本课程管理制度，行使其交流、督导、监控、激励功能，以保证面塑校本课程的顺利开发与实施。

童心玩捏面塑　巧手融汇古今

附件二：翠微小学面塑校本课程实施纲要

主讲教师姓名	姚慧敏	课程类型	艺术类校本课程	教学材料	课程文本资料等
课程性质	校本限定选修课	授课时间	每班每周一课时	授课对象	三年级

课程目标或意图	1. 了解面塑的基本知识，初步掌握面塑的基本技法，学会根据要求和自己的理解表现身边所见所闻、所感所想的事物，塑造不同的面塑形象，或者开展趣味性的临摹制作，以培养知识、技巧的迁移能力和综合实践与创新能力。 2. 在基本认识面塑的基础上，让学生亲自感受面性，逐步掌握各种工具的功能和用法，并尝试运用基本成型的方法，开展趣味性的临摹制作，以培养学生的动手能力，锻炼手眼协调能力。 3. 能够综合运用所学的面塑知识、科学知识、综合实践知识等，初步理解面塑制作的要点和精髓。在课堂实践中，能够根据课题，与同伴进行有效的合作，掌握合作的方法和技巧，提升合作的意识和能力，培养合作的品质。 4. 发挥面塑教学的人文性，提升学生的艺术鉴赏能力与审美品位，帮助学生了解国家的民族传统文化，培养学生热爱中国民族传统的美好情怀。 5. 在学习和制作的过程中养成精益求精、持之以恒等品质。

<table>
<tr><td rowspan="2">课程内容或活动安排</td><td colspan="3">

设计思路

　　面塑教学要和美术教学中的手工、泥塑、雕塑、儿童画等教学整合，开发面塑校本课程，构建大综合的面塑教学特色之路。本课程采用理论课、欣赏课、实践课相结合的模式，其中，调查、研究课利用课外时间。全学期共计课时为30学时。

　　1. 人文背景研究：搜集有关面塑历史背景、艺术发展的材料，参观面塑博物馆、对面塑历史背景和艺术发展作初步介绍。

　　2. 民间艺术考察：访问民间艺人；了解民间文化中的瑰宝；收集相关的民间传说故事，整理成册；了解几位面塑工艺大师及代表作。

　　3. 面塑知识推荐：收集有关面塑的材料、工具、工艺过程、艺术流派等知识，向学生作介绍。

　　4. 面塑制作：分体验、临摹、创意三个阶段，先让学生从蒸面、上色等亲身感受，再让学生临摹大师作品，最后自由想象，创作精品。

</td></tr>
</table>

课程内容或活动安排			
	课时计划		
	单元	课程内容	授课用时
	第一单元 想象无极限	认识新朋友	1 课时
		汉堡包	1 课时
		线条的变化	1 课时
		基本型的组合——房子	1 课时
		想象中的小汽车	1 课时
	第二单元 我们去实践	菜园系列面塑——茄子、黄瓜、玉米	3 课时
		花儿朵朵——玫瑰花	1 课时
		荷花	1 课时

童心玩捏面塑　巧手融汇古今

课程内容或活动安排	第三单元 虫虫大聚会	可爱的小蚂蚁	1 课时
		淘气的小瓢虫	2 课时
		漂亮的蝴蝶	1 课时
		虫虫大聚会	1 课时
	第四单元 可爱的动物	金鱼	1 课时
		海豚	1 课时
		小老鼠	1 课时
		兽中之王——虎	1 课时
		可爱的兔子	1 课时
		机灵的猴子	1 课时
		猪之家	1 课时
		熊猫咪咪	1 课时
		中国龙	2 课时
	第五单元 卡通人乐园	我为你塑像	1 课时
		表演的人	2 课时
		三个和尚	1 课时
		圣诞老人	1 课时

五种课型

在教学实践中，我们根据课程教学内容和学生学习进度，归纳出既可独立，又联系贯通的五种课型，即

1. 基于网络环境下的面塑欣赏和以作品展示为主的欣赏课。

2. 以基本技能练习为主的训练课。

3. 以专题拓展为主的创作课。

4. 参观学习的活动课。

5. 以装饰为主的整理课。

童心玩捏面塑　巧手融汇古今

课程实施建议	**四个环节** 　　为了体现面塑课教学的三大原则，充分落实教学目标，经过反复试教，我们设计了面塑教学的四个环节，区别于一般工艺教学模式，即 　　1. 创设情境，激趣认识，自主探索——变被动参与为自我需要。 　　2. 投入体验，开阔眼界，面中有艺——变知识传授为人文渗透。 　　3. 引导创新，鼓励求异，动手动脑——变简单作业为自我表现。 　　4. 多向评价，多种方式，激励进取——变等级选择为全面综合鼓励。
课程评价建议	**评价形式** 　　1. 学生的考勤记载。这是评价学生参加面塑校本课程学习的硬性指标。 　　2. 每个单元(两三周)，考察学生的学习效果，如学习表现、面塑作业完成情况、创作的面塑作品等，教师要给予确认登记，并填写好面塑作品评价表。 　　3. 学期结束，组织学生互相评价，评价结果以星级确认并做记载，同时，组织家长参与评价，评价意见确认并记载。综合各方面的情况后，在学期末或课程结束时给学生评定星级。 　　对学生学习效果的评价主要为星级评定：依据学生面塑作品的完成质量给予一定的学习效果的星级反馈。学生在学习过程中，参加各类面塑工艺比赛，获奖、展示，均给予学生奖励星级，奖励星级标准视具体情况而定。 　　**具体操作程序** 　　1. 建立面塑校本课程"星级登记册"，记录学生学习面塑校本课程的过程表现和结果。

课程评价建议	2. 作品完成后，由学生填写"作品评价表"，通过自评、互评与师生共评等各种灵活方式，鼓励学生的创新意识，肯定学生的想法，帮助学生体验成功的快乐，获得一定的经验。 　　3. 每学期，对学生及家长进行问卷调查，通过收集、分析、反馈学生的内在需要及改进方向，力求使面塑课程更加完善、更富有内涵。

第四篇　精品赏析